W0040288

Zander
Zehn Argumente für den Zölibat

Zehn Argumente für den Zölibat

Ein Schwarzbuch

von Hans Conrad Zander

Patmos Verlag Düsseldorf

Die Deutsche Bibliothek – CIP-Einheitsaufnahme

Zander, Hans Conrad:
Zehn Argumente für den Zölibat:
ein Schwarzbuch / Hans Conrad Zander. –
4. Aufl. – Düsseldorf : Patmos-Verl., 1998
ISBN 3-491-72375-2

© 1997 Patmos Verlag Düsseldorf
Alle Rechte, einschließlich derjenigen des auszugsweisen
Abdrucks sowie der photomechanischen und elektronischen
Wiedergabe, vorbehalten.
4. Auflage 1998
Umschlagbild: © Borislav Sajtinac
Satz: Utesch, Hamburg
Druck und Bindung: Freiburger Graphische Betriebe, Freiburg
ISBN 3-491-72375-2

Die Argumente

1. Zölibat ist skandalös.   7

2. Zölibat ist abenteuerlich.   21

3. Zölibat macht schlank.   37

4. Zölibat ist erotisch.   57

5. Zölibat macht glücklich.   75

6. Zölibat ist frech.   91

7. Zölibat ist natürlich.   105

8. Zölibat ist feministisch.   119

9. Zölibat macht männlich.   133

10. Zölibat ist lustig.   145

1. *Argument*
Zölibat ist skandalös.

8 Wenn eine Gesellschaft von Spiessern einer sexuellen Minderheit den Garaus machen will, dann tut sie das nicht bestialisch mit der Keule. Raffinierter in der Methode, wirksamer im Ergebnis ist eine inquisitorische Frage. In allen Skandalprozessen gegen Homosexuelle wurde diese Frage gestellt, immerzu die gleiche: ›Sind die eigentlich böse, oder sind die krank?‹

Die Homosexuellen haben sich inzwischen verbessert. Sie sind jetzt eine ›schützenswerte Minderheit‹. Aber die Spiesser sind natürlich alle noch da. Nur haben sie sich inzwischen ein anderes Vorurteil in den Kopf stopfen lassen, nämlich den Aberglauben, Sex, gleich welcher, sei ›das Eigentliche‹. Sex, gleich welcher, müsse unbedingt sein. Diesem neuen Vorurteil entsprechend haben sie sich für ihren Verfolgungsdrang eine neue Minderheit ausgesucht. Es ist die denkbar kleinste sexuelle Minderheit, an Zahl hundertmal kleiner als die Homosexuellen. Nur 18 663 Personen, nur 0,02 % der Bevölkerung gehören in Deutschland dieser Minderheit an. Das sind die Priester der Katholischen Kirche. Was die tun, ist viel skandalöser, als was die Homosexuellen je taten. Sie tun das Schlimmste, was ein Mann der sexuellen Leistungsgesellschaft antun kann. *Sie tun gar nichts.* Sie leben im Zölibat. Die Spiesserfrage muß lauten: ›Sind die böse, oder sind die krank?‹ Sind das alles, wie man aus Paderborn hört, am ›Zwangszölibat‹ leidende Zwangsneurotiker, oder sind das gar, wie man aus Österreich hört, lauter kriminelle Kinderschänder?

Ob Homosexuelle böse seien oder krank, diese Diskussion hat, dem Sexualhistoriker Theo van der

Meer zufolge, etwa um 1730 ihren Höhepunkt erreicht; ein Ende gefunden hat sie erst mehr als 200
Jahre später. Was uns in Sachen Zölibat an Skandalen
noch bevorsteht, ist daran zu ermessen, dass uns die
Diskussion, ob der zölibatäre Priester böse oder
krank sei, noch keine zehn Jahre beschäftigt. Begonnen hat sie mit zwei Büchern, die beide auf der Stelle
den gleichen kolossalen Publikumserfolg hatten, obwohl sie sich im entscheidenden Punkt widerspre-
chen: Nach Uta Ranke-Heinemann (›Eunuchen für
das Himmelreich‹) ist der zölibatäre Klerus wesenhaft böse, nach Eugen Drewermann (›Kleriker‹) ist er
wesenhaft krank.

Und dann, im Jahr 1997, aus dem tiefsten Unter-
bewusstsein der Spiesserei in die Talk-Shows, in die
Magazine aufgestiegen, für die unlösbare Frage eine
Lösung, wie sie konsequenter, aber auch verblüffen-
der nicht sein könnte: Wenn es so schwerfällt, zu entscheiden, ob die alle böse sind oder alle krank, die
zölibatären Priester, liegt das vielleicht daran, dass
die alle schwul sind?

Nicht alle, mutmasste 1996 der Augsburger Pasto-
raltheologe Hanspeter Heinz, aber immerhin ›etwa
20 Prozent‹. Nicht alle, mutmasste dann, 1997 in ›Report‹, der Trierer Pastoralpsychologe Alwin Hammers, aber immerhin ›etwa 25 Prozent‹. Nicht alle,
mutmasste zuletzt die Kölner Klerus-Fachfrau Ulrike
Walden, aber ›mindestens jeder zweite‹.

Es ist nicht uninteressant zu wissen, wie solche
Prozentzahlen zustande kommen. Zuerst hatte ein
amerikanischer Experte mutgemasst, ›etwa 18 bis
20%‹ sämtlicher amerikanischen Männer seien ho-

mosexuell. In diesem Fall, mutmasste ein zweiter amerikanischer Experte, könne davon ausgegangen werden, dass auch ›etwa 20 %‹ der katholischen Priester homosexuell seien. In Augsburg kam diese Mutmassung 1996 als ›amerikanisches Forschungsergebnis‹ an und dürfte sich 1997 über Trier (›etwa 25 %‹) und Köln (›mindestens 50 %‹) bis zum Erscheinen dieses Buches mit mutmasslich ›mindestens 100 %‹ zum mutmasslichen ›deutschen Forschungsergebnis‹ entwickeln.

Es ist jetzt Zeit, an Friedrich Spee zu erinnern. In der ›Cautio criminalis‹, jenem Buch, mit dem er 1631 dem Hexenwahn ein Ende machte, beschreibt der Düsseldorfer Jesuit, wie ein solcher Wahn auf dem deutschen Dorf entsteht. Da ist eine Frau, die fertiggemacht werden soll. Die Frage lautet: ›Ist das nicht vielleicht eine Hexe?‹ Sobald diese Frage aufkommt, ist die Frau verloren. Sie kann sich verteidigen, dann sagen alle: ›Wenn das keine Hexe wäre, hätte sie das nicht nötig.‹ Sie kann schweigen, dann sagen alle: ›Sie gibt es ja schon zu.‹ Ob sie sich laut wehrt, oder ob sie still duldet, die Frau ist verloren – das Pogrom kann beginnen.

Es ist das Jahr 1997, wir sind auf dem sexuell selbstverwirklichten deutschen Dorf. Die Frage lautet: Der katholische Pfarrer, was ist das eigentlich anderes als ein Sexkrüppel, halt so ein verkorkster Schwuler, der sich noch nicht einmal outet? Vom Augenblick an, wo alle ihn mit dieser Frage grinsend umstehen, ist der zölibatäre Priester verloren. Ob er sich laut wehrt oder ob er still duldet, er ist nicht mehr das, wofür er sich hielt: der Mann des Heiligen,

der mit seiner Keuschheit für eine Welt zeugt, die radikal anders ist, unvergleichlich grösser und weiter
als die kleine Spiesserwelt der sexuell Selbstverwirklichten. Nackt steht der katholische Priester am
Pranger des deutschen Dorfes als der Sexualkrüppel
schlechthin, krank auf jeden Fall, wahrscheinlich
böse, mit Sicherheit pervers – das Pogrom kann beginnen.

Die RTL-›Samstagnacht-Show‹ bringt zum aktuellen Thema ›Kinderschändung‹ folgende Meldung:
›Freundlicher Opa zwang zwölf Jungen zum Sex.
Hier ein Foto.‹ Es erscheint das Bild des Abendmahls
mit Jesus im Kreis der zwölf Apostel.

In der ARD ruft Jürgen Becker auf zu rheinischem
Frohsinn: ›Die Transsexuellen und die Homoerotiker
tanzen Arm in Arm mit dem Erzbischof und rufen:
Wir vergeben dir, du dummes Schwein!‹

Zurückgeschaltet zu RTL: Ein katholischer Priester im vollen Ornat rutscht als Sexidiot auf dem Altar herum. Dann reckt er kichernd eine Prothese in
die Luft: ›Die Beinamputierten haben gesagt: Die gei-
stig Behinderten sind blöd.‹

Aus dem Warschauer Ghetto gibt es ein grauen-
haftes Photo. Es zeigt einen Rabbiner im priesterlichen Gewand, darum herum eine Gruppe von deutschen Offizieren. Grinsend, feixend, mit dem Finger
auf ihn zeigend, machen die Deutschen den jüdischen Priester lächerlich. Das neudeutsche Medien-
pogrom gegen den Zölibat ist von der gleichen Qua-
lität. Gott, warum merkt das niemand?

Dass der zölibatäre Klerus eine Minderheit sein
könnte, eine sexuelle Minderheit dazu, eine schüt-

12 zenswerte sexuelle Minderheit obendrein, das ist ganz einfach noch niemandem in den Sinn gekommen. Am allerwenigsten dem Klerus selber. Dies nämlich ist das einzige Dogma, an das der katholische Klerus und seine Feinde in den deutschen Medien gemeinsam glauben: Beide glauben fest, dieser Klerus sei eine ungeheure, das Leben unzähliger Menschen bestimmende Macht.

Am lautesten verkündet das Uta Ranke-Heinemann. In ›Eunuchen für das Himmelreich‹ beschreibt sie die Katholische Kirche als ein Empire of Evil, ein Reich des Bösen, in dem eine Milliarde unschuldiger, hilfloser katholischer Laien aus dem zölibatären Führerbunker heraus sexuell gnadenlos unterdrückt wird. Zum Beweis schüttet sie ein Füllhorn ausgewählt böser Erinnerungen aus der Geschichte des Zölibats über uns aus.

Eines fehlt. Unter tausend empörenden Histörchen findet sich bei Uta Ranke-Heinemann nicht eine einzige empirische Untersuchung, die bewiese, dass dieser zölibatäre Klerus *hier und heute* irgendwelchen sexuellen Schaden stiftet. Das hat seinen guten Grund. Einen Grund, den sowohl die Katholische Kirche als auch ihre Feinde in den deutschen Medien streng geheimhalten. Würde er nämlich bekannt, es bräche sowohl das Prestige des Vatikans als auch das Prestige von ›Spiegel‹ und ›Stern‹, von Uta Ranke-Heinemann und Eugen Drewermann unter dem homerischen Gelächter der Menschheit zusammen.

Siehe, ich verrate euch ein grosses Geheimnis: Es gibt das Empire of Evil nicht. Weil es kein Empire gibt. Die tatsächliche Macht, der tatsächliche Einfluss der Katholi-

in hochsignifikanter Weise 0 (null).

Vermutlich bin ich der erste Mensch, der das Archiv der Facultés Catholiques in Abidjan (Elfenbeinküste) auf den Kopf gestellt hat. Hunderte von soziologischen Untersuchungen zum Fortpflanzungsverhalten der afrikanischen Familie liegen dort unter Schimmel und Staub. Dabei sind sie explosiv.

Empirisch, das geht aus diesen Untersuchungen klar hervor, gibt es wohl eine Reihe von Faktoren, die bestimmen, wie viele Kinder eine Afrikanerin haben will: Grösse des Hauses, Beruf und Einkommen, Bildungsgrad, Angst vor einem kinderlosen Alter. Ein einziger Faktor ist empirisch belanglos: die Konfession. In Kamerun, wo die katholischen und die evangelischen Missionsgebiete noch säuberlich getrennt nebeneinander liegen, ist es am auffälligsten: Der Einfluss der Konfession auf das Sexualverhalten ist in hochsignifikanter Weise 0 (null).

Alle fünf Jahre kommt der Papst geflogen, hält vielbejubelt seine Predigt zum Thema ›Wachset und mehret euch!‹ und fliegt wieder ab. Der afrikanische Alltag bleibt. Mit seinen allmächtigen materiellen Zwängen. Sie bestimmen das sexuelle Verhalten. Was der katholische Klerus predigt, Gescheites oder Dummes, ist sakrales Ornament. Sein Einfluss auf das tatsächliche Sexualverhalten der Leute ist in hochsignifikanter Weise 0 (null).

Wie in Afrika, so in Europa. Zu Füssen des Papstes hat das katholische Italien die niedrigste Fortpflanzungsrate des Kontinents. Und wie ist es in Deutschland? Gibt es einen deutschen Teenager, einen einzi-

14 gen, der, wenn er das erste Mal mit seiner Freundin nachts auf einen Parkplatz fährt, sich Sorgen macht um die Hölle und den Papst?

In London gibt es die Flat Earth Society. Wie der Name sagt, vertritt sie die ptolemäische Auffassung, dass die Erde keine Kugel sei, sondern eine Scheibe. Der Verein ist rührig, hat mehrere tausend Mitglieder und verschickt regelmässig wahre Enzykliken gegen Galileo Galilei, nämlich die ›Flat Earth News‹. Allgemein erfreut sich die ›Flat Earth Society‹ höflicher Wertschätzung. Der Einfluss ihres Weltmodells auf die Flugpläne von British Airways ist allerdings in hochsignifikanter Weise 0 (null).

Eine gewisse Ähnlichkeit mit der Flat Earth Society kann der Katholischen Kirche nicht abgesprochen werden. Der Einfluss päpstlicher Enzykliken auf das Sexualverhalten der Katholiken ist jedenfalls auch in hochsignifikanter Weise 0 (null). Doch fällt ein Unterschied ins Auge: Während alle Welt die Flat Earth Society in Frieden lässt, herrscht um den katholischen Klerus und seine Sexualmoral eine ungeheure Aufregung. Woher dieser hochsignifikante Unterschied?

Es war einmal vor vielen vielen Jahren. In den sechziger und in den siebziger Jahren. Da waren die deutschen Medien jung und links und frech. Ein Vergnügen war das, den ›Stern‹ zu lesen, WDR zu hören war ein Vergnügen: So aufklärerisch, so fortschrittlich, oft auch geistreich waren unsere Medien. Damals, ja damals, vor vielen vielen Jahren.

Die einst jung waren, sind alt geworden. Die einst Aufklärung wollten, sind nur noch auf ihre medialen

Pfründen bedacht. Was einst fortschrittliche Gesin-
nung war, ist nichts mehr als die volkserzieherische
Anmassung der political correctness. Was einst lin-
ker Charakter war, ist nur noch mediale Maske. Warum fällt die Maske nicht?

Weil eins noch da ist. Noch ist die Katholische Kirche da. Wenn der ›Report‹-Moderator oder der
›Stern‹-Reporter noch einmal ins Horn blasen darf
zum tapferen Angriff auf dieses ungeheuer mächtige
Empire of Evil, und zwar, der Tapferkeitsmedaille
wegen, stracks los auf den zölibatären Führerbunker,
dann, ja dann darf er sich noch einmal jung und tapfer fühlen, fortschrittlich, ja sogar, ob ihr's glaubt
oder nicht, links.

Warum fliegt eine derart durchsichtige Medien-
lüge nicht auf? Weil der katholische Klerus sie mit-
macht. Als ungeheuer böser Drache angegriffen zu
werden, erfüllt ihn zwar mit offener Empörung, doch
zugleich mit klammheimlichem Stolz.

Es war einmal vor vielen vielen Jahren. Da war die
Katholische Kirche wirklich ein Empire. Vielleicht sogar, wir wollen das jetzt gar nicht untersuchen, ein
Empire of Evil. Auf jeden Fall war sie mächtig. Jetzt
ist sie machtlos geworden. Es ist menschlich, dass sie
das schlecht verträgt. Aber einmal alle Jahreszeiten
darf dieser Klerus sich noch einmal mächtig fühlen.
Dann nämlich, wenn er mächtig angegriffen wird.
Prime Time in der ARD, sechs Doppelseiten im
›Stern‹. Wem dies zuteil wird, der darf der klamm-
heimlichen Illusion frönen, er sei wirklich, noch immer, eine Macht.

Zwei Phantome, ein mediales und ein klerikales,

zum Tanz der ideologischen Vampire als seniles Duo unlösbar ineinander verkrallt. Die Vorstellung ist eindrücklich. Nur dauert sie schon viel zu lang. Dabei gibt es doch in diesem Lande 28 Millionen Katholiken. 28 Millionen Menschen, die aus noch so oberflächlicher Erfahrung ahnen müssten, dass da kein Empire of Evil ist, höchstens ein einsamer Führerbunker, in dem eine Stimmung herrscht wie in dem Bunker Anne-Marie kurz vor dem Fall von Dien-Bien-Phu. Warum merken die das nicht, die 28 Millionen deutschen Katholiken?

Sie werden es schon merken. Aber erst in 25 Jahren.

Warum erst in 25 Jahren? Weil es immer 25 Jahre dauert, bis die deutschen Katholiken etwas merken. Man nennt so etwas ›cultural lag‹. Bei Max Weber (›Wirtschaft und Gesellschaft‹) ist nachzulesen, woher dieser geistige Verzug der Katholiken kommt, nämlich von einer infantilen Einstellung zur Wirtschaft und zum Geld. Inzwischen beträgt dieser katholische ›cultural lag‹ 25 bis 30 Jahre. Das heisst: Alles, was die andern tun, tun wir selbstverständlich auch, aber mit 25 bis 30 Jahren Verspätung. Was haben die andern vor 25 bis 30 Jahren getan?

1968 war Revolution. Auf allen deutschen Strassen demonstrierten die Studenten. Gegen den Kapitalismus skandierten sie wild: ›Hohohoho-Ho-Chi-Minh‹. Männiglich schaute gebannt zu, zwei oder drei Jahre lang. Doch dann fiel etwas auf: So laut die Studenten ›Hohohoho-Ho-Chi-Minh‹ schrien, der Kapitalismus ging deshalb nicht weg. Er war genau so da wie zuvor. Offensichtlich schafft man den Ka-

pitalismus nicht dadurch ab, dass man ›Hohohoho-
Ho-Chi-Minh‹ schreit. Der Katzenjammer der Revolutionäre war gross. In diesem Augenblick kam sie.

Uschi Obermaier. Und ihre Botschaft hiess: Was
kämpft ihr gegen den Kapitalismus? Die wahre Revolution bin ich. Ich bin die sexuelle Selbstverwirklichung. Kommt zu mir in die Kommune 1, und alles
wird von selber gut. Und sie legte sich, mit Wilhelm
Reich unter dem Arm, auf ihre Matratze in der Kommune 1 in Berlin.

Unter Uschi Obermaiers Führung verabschiedet
sich die 68er-Revolution aus der Leidensgeschichte
der Menschheit auf die narzisstische Spielwiese der
sexuellen Selbstverwirklichung. Dass das mit etwa
25 Jahren Verspätung in der Katholischen Kirche an-
kommen musste, war von Anfang an klar. Die Frage
war nur, wie.

Die neunziger Jahre kamen. Vorbei die ungeheu-
ren Hoffnungen des Zweiten Vatikanischen Konzils.
Der Katzenjammer unter den deutschen Katholiken
war gross. Da kam er. Eugen Drewermann. Und seine Botschaft hiess: Was wollt ihr Machtverhältnisse
ändern? Was redet ihr gar von Theologie der Befreiung? Die wahre Revolution bin ich. Ich bin die sexuelle Selbstverwirklichung. Schafft nur den Zölibat ab,
diesen skandalösen Zölibat – und alles wird von selber gut.

Eugen Drewermann als theologische Uschi Obermaier. Zum Ergötzen einer hemmungsfrei grinsenden Spiessermehrheit von 99,98 % stellt er, tausend
Seiten lang, seine zölibatären Amtsbrüder an den
Pranger der Psychoanalyse ›als chronische Heuchler,

18 als bedienstete Lügner, als lebende Charaktermasken‹. Wusstet ihr es nicht? ›Eros und Sexualität sind vitale Grundkräfte des Menschen. Sie sind in sich gut und bedürfen keiner besonderen Rechtfertigung‹ (Publik-Forum 1996). Wer dagegen im priesterlichen Zölibat lebt, der leidet an ›zwangsneurotischer Aufspaltung‹ (Eugen Drewermann).

Sigmund Freud würde sich im Grab umdrehen, erführe er, dass das von ihm geschaffene Instrument der individuellen Analyse von einem Theologen dazu missbraucht wird, einem ganzen Berufsstand kollektiv die Charaktermaske vom Gesicht zu ziehen. Nur aus Pietät für Freud sei darauf verzichtet, die Drewermannsche Logik einmal, der Reihe nach, jeweils tausend Seiten lang, auf einen Beruf nach dem andern anzuwenden. Zum Beispiel auf die Briefträger (phallisch fixiert stecken sie die Finger in tausend fremde Schlitze). Oder die Müllmänner (alle anal fixiert). Oder die Journalisten (alle oral fixiert).

Die deutschen Katholiken, psychoanalytisch nie ganz auf der Höhe, merken die Falschmünzerei nicht. Aus der Wirklichkeit von Macht und Geld, aus der Leidensgeschichte der Menschheit verabschieden sie sich, hinter Eugen Drewermann her, auf die narzisstische Spielwiese der sexuellen Selbstverwirklichung.

Eins ist ihnen sicher: Auf dieser Spielwiese werden sie künftig hervorragend betreut. Dank der Kirchensteuer hat sich nämlich in der Katholischen Kirche, rund um den alten zölibatären Klerus, wie eine dicke Geschwulst ein neues pastoralpädagogisches Personal herangebildet: ›Pastoral-Assistenten‹ und

›Pastoral-Referenten‹, ›Gemeinde-Assistenten‹ und **19**
›Gemeinde-Referenten‹, ›pastoralsoziologisch‹ und
›pastoralpsychologisch‹ ausgebildete Berater und
Betreuer jedweder Art. Von denen gibt's inzwischen
viel mehr, als es Priester gibt. Sexuell sind sie natürlich alle selbstverwirklicht und, das gehört zusammen, finanziell selbstbedienend. Diese neue quasi-
klerikale Führungsschicht drängt jetzt in der Katholischen Kirche zur Macht. Zu diesem Zweck muss sie
den alten zölibatären Klerus liquidieren. Das tut sie
natürlich nicht mit heidnischer Gewalt, sondern,
nach alter christlicher Sitte, mit betreuender Nächstenliebe. So ein betreuender Nächstenliebender ist
zum Beispiel der Leiter des Trierer Instituts für Pastoral-Psychologie, Alwin Hammers. Aus der lichtvol-
len Höhe der Pastoral-Psychologie beugt er sich voller Nächstenliebe tief herab auf den armen, leiden-
den zölibatären Klerus und entdeckt da, aus reiner
Nächstenliebe, so viele Schwule, dass er sie unbedingt betreuen will: ›Ich gehe davon aus, dass es
etwa 25 Prozent sind. Damit will ich sagen, die Zahl
ist beträchtlich, und sie ist so gross, dass man sich um
diese Gruppe kümmern muss.‹

›Sich kümmern.‹ Ihm nachgehen, dem zölibatären
Priester, wie der gute pastoralpsychologische Hirte
dem einen verlorenen Schaf aus der sexgläubigen
Herde nachgehen. Triefend von rufmörderischer Pa-
storal-Liebe sich um ihn kümmern. Schaut hin: So
scheinheilig liquidiert eine neue klerikale Herren-
klasse die alte.

Dass Schopenhauer das nicht mehr erlebt. Seine
helle Freude hätte er daran, wie sich im Pogrom ge-

20 gen den zölibatären Klerus alle ›Lebenslügen‹ unserer Zeit gegenseitig potenzieren: Die Lebenslüge von der ›sexuellen Selbstverwirklichung‹, an die inzwischen wohl eine Mehrheit von 99,98 % der Bevölkerung glaubt. Die Lebenslüge einer medialen Klasse, die aufklärerisch tut, obwohl sie längst dunkelmännerisch ist; die Lebenslüge eines senilen Klerus, der sich, als Popanz der Sex-and-Lifestyle-Gesellschaft, noch einmal, wenn nicht mächtig, so doch wichtig fühlen darf; die Lebenslüge einer neuen nach Macht und Geld gierenden Klasse von sexuell selbstverwirklichten Pastoralhubern in der Katholischen Kirche, die, in gottverdammter Heuchelei, den alten Klerus nicht totschlagen, sondern rufmörderisch betreuen wollen. Und bei alledem, vergesst es nicht, reitet mit 25 Jahren cultural lag, auf der allerletzten Schaumkrone der Sexwelle, das Verlogenste, was es auf Erden gibt, die sexuell selbstverwirklichte katholische Familie, mit ihrem angebeteten Papi empor zur Priesterweihe im Allerheiligsten.

2. *Argument*
Zölibat ist abenteuerlich.

22 Durch eine der menschenfeindlichsten Salzwüsten der Erde, durch Ägyptens Nitrische Wüste, zieht eine phantastische Karawane. Vorneweg, hoch auf dem Kamel, Roms reichste Frau: die heilige Paula. Aus dem Geschlecht der Scipionen und der Gracchen stammt sie. In dieser unerhört stolzen, eigenwilligen Frau, so urteilt Montalembert, hat sich ein letztes Mal der Geist der römischen Republik verkörpert. Was tut sie in der Nitrischen Wüste?

Allein ist sie nicht aufgebrochen. Weit hinten in dem Heerwurm der Dromedare und Kamele, fast schon beim Gepäck, folgt ihr geistlicher Sekretär. Das ist der heilige Hieronymus, der grösste Gottesgelehrte der späten Antike. Seit Beginn der Wüstenexpedition ist der heilige Hieronymus schwer krank. Warum? Das wird sich später zeigen. Unser ganzes Interesse gilt der heiligen Paula. Was sucht sie, die 38jährige stolze Scipionin, mitten in der Wüste? Roms mächtigste Christin ist nach Ägypten aufgebrochen, um Männer zu suchen, die Vorbilder sein sollen für eine Sache, die sie daheim in Rom unbedingt durchsetzen will. In der Salzwüste Nitriens sucht die heilige Paula im Winter des Jahres 385 nach männlichen Modellen für den Zölibat.

Es ist das 4. Jahrhundert. Lang ist das Urchristentum vorbei. In Rom ist die Katholische Kirche Staatsreligion geworden. Höchste Zeit, davon ist die heilige Paula überzeugt, allerhöchste Zeit, den Zölibat einzuführen.

In sämtlichen ›Argumentationshilfen‹ zum ›KirchenVolksBegehren‹ heisst es heute, der Zölibat könne leicht wieder abgeschafft werden. Er sei ja

nichts ›Urchristliches‹. Natürlich ist er das nicht.
Ganz nach jüdischem Vorbild konnte sich die ur-
christliche Gemeinde an ihrer Spitze nichts anderes
vorstellen als einen Familienvater. ›Wer seinem eigenen Hauswesen nicht vorstehen kann, wie soll der
für die Kirche Gottes sorgen‹, heisst es unmissver-
ständlich im 1. Brief an Timotheus (3. Kapitel, 5.
Vers). Der heilige Paulus, so oft als Frauenfeind ver-
leumdet, ist selbst der beste Zeuge für diese ur-
christliche Familienwirtschaft: ›Haben nicht auch
wir das Recht, eine Schwester als Frau mit umher-
zuführen, wie die anderen Apostel und die Brüder
des Herrn und Kephas?‹, fragt er die Korinther (1.
Korintherbrief, 9. Kapitel, 5. Vers). Wenn das Urchristentum eine Karawane war, dann war es eine Fami-
lienkarawane, und an ihrer Spitze ritt, sich von der
heiligen Paula in jeder Hinsicht unterscheidend, des
Petrus Schwiegermutter.

Wo Familien leiten, wollen sie die Leitung behalten. Zu diesem Zweck pflegen sich die leitenden Familien zu einer Kaste zusammenzuschliessen. In welchem Masse das Christentum schon im 2. Jahrhundert von einer Familienkaste beherrscht war, beweist
ein Brief des Bischofs Polykrates von Ephesus an
Papst Viktor I. Dieser heilige Papst hatte es gewagt,
Polykrates, den Typ des kleinasiatischen Kirchen- Po-
tentaten, zurechtzuweisen. Postwendend erklärte
sich Bischof Polykrates für unfehlbar. Sein Argument
im Wortlaut: ›Schliesslich waren schon sieben aus
meiner Familie Bischöfe, und ich bin der achte.‹

Es sollte noch schlimmer kommen. Schlimmer als
das jüdische Patriarchentum war ja das römische. Als

Opferpriester und sakraler Richter seiner eigenen Familie hatte der römische Familienvater bis in die Kaiserzeit das Recht, alles, was in seinem Hause lebte, Vieh, Frau und Kind, wenn es sein Wille war, zu töten. Einen Sohn gezeugt zu haben, war der Inbegriff solcher Männlichkeit. Zölibat dagegen galt als etwas Griechisches, somit Unrömisches und Unmännliches. Das lateinische Wort für ›ledig‹, nämlich ›coelebs‹ (davon ›Zölibat‹), hatte in römischen Ohren einen derart weibischen Klang, dass es nur ungern für Männer gebraucht wurde. Lieber nahm man für Männer das griechische Lehnwort ›monachus‹ (›Single‹ zuerst, später erst ›Mönch‹). Wer es nicht zum pater familias gebracht hatte, wer keinen filius gezeugt hatte, der war in Rom kein Mann.

Gab es noch etwas Schlimmeres als das jüdische und das römische Patriarchentum? Ja. Am schlimmsten war die Kombination aus beidem: die neue Herrschaft christlicher Familienväter in Rom.

Im Jahr 313 hatte Kaiser Konstantin der Katholischen Kirche die gleichen Steuerprivilegien eingeräumt wie den heidnischen Staatsreligionen. 381 dann, vier Jahre vor der Wüstenfahrt der heiligen Paula, machte Kaiser Theodosius die Katholische Kirche zur alleinigen steuerfreien Staatsreligion.

Priester dieser neuen Staatsreligion werden, hochangesehen, unkündbar und steuerfrei, dazu auch noch sich sexuell selbstverwirklichen als omnipotenter pater familias an der Spitze der ganzen Gemeinde, zum Schluss, nach jüdisch-urchristlichem Vorbild, das Amt gleich dem filius weitervererben: Gab es im Jahr 381 für einen jungen Römer eine schönere

Karriere? Selbst Georg Denzler, der erbitterte Feind des Zölibats, kommt nicht umhin, die Zustände so zu beschreiben: ›Die Aussicht auf günstige Versorgung liess immer mehr auch solche Männer in den Kirchendienst eintreten, die nicht dazu berufen waren, sondern in erster Linie danach trachteten, die eigenen Kinder als ihre Nachfolger im kirchlichen Amt unterzubringen.‹ Was heisst da so nett und so neutral ›Kinder‹? Nach der Devise ›Nicht ohne meinen Sohn‹ hatte ein Oklahoma-Run von zahllosen kleinen Polykratessen auf die Ämter und Pfründen der neuen Staatsreligion eingesetzt.

Die Kirche des Gekreuzigten als System der finanziellen Selbstbedienung und der sexuellen Selbstverwirklichung für feiste, machtbewusste Papis. Wer konnte diese verheerende Fehlentwicklung in Rom noch aufhalten? Niemand ausser den Frauen. Niemand ausser der heiligen Paula.

Die Prediger der neuesten religious correctness irren nämlich, wenn sie immerzu von nichts als den ›jüdischen Wurzeln des Christentums‹ schwärmen. Das Christentum ist eine Religion mit *zwei* Wurzeln: einer jüdischen gewiss, aber, mindestens ebenso wichtig, auch einer hellenistischen. Während also aus dem Judentum die frühchristliche Selbstbestätigung für machtbewusste Familienväter nach Rom drang, kam aus dem späten Griechentum die entgegengesetzte Strömung: ein christlicher Kult der Keuschheit.

Zuerst hatten die römischen Papis nichts dagegen. In der christlichen Keuschheit sahen sie ein erzieherisches Mittel, ihre Töchter unberührt in die Ehe zu bringen. Was sie selber betraf, waren sie als echte Römer natürlich für ›gesunde Sexualität‹.

Völlig anders die Frauen. Zum ersten Mal in der antiken Geschichte hat der Zölibat den Frauen die unverhoffte Chance geboten, sich aus der tyrannischen Allmacht der Patriarchen zu befreien, schreibt Havelock Ellis, der grosse englische Sexualpsychologe. Und er wertet die katholische Keuschheitsbewegung des 4. Jahrhunderts als eine regelrechte ›revolt of women against men and marriage‹.

Hans Achelis, ein evangelischer Kirchenhistoriker der Kaiserzeit, beschreibt diese katholisch-feministische Szene des 4. Jahrhunderts so: ›Verwöhnte Damen, die in jungem Alter in den Besitz eines grossen Vermögens und eines umfangreichen Hauswesens gekommen waren, hatten das Gelübde der Jungfräulichkeit auf sich genommen, da die Ehelosigkeit höher stand als die Ehe.‹ Ohne wilhelminische Vorurteile gesagt: Wenn sie heiratete, verlor eine Frau nach römischem Recht die Verfügung über ihr Geld. Zum Entsetzen der Machos wurden jetzt die reichen römischen Frauen scharenweise katholisch, legten das Zölibatsgelübde ab und wurden so Herrinnen ihres Geldes. Frei nach Karl Marx: Durch den Zölibat wurden die römischen Frauen Herrinnen über sich selbst.

Mit 31 war die heilige Paula Witwe geworden, damit Herrin über ein immenses Vermögen. Statt wieder zu heiraten, setzte sie ihr ganzes Geld für die Sache des Zölibats ein. Um sie ein gleichgesinnter Kreis von steinreichen christlichen Witwen, dann, viel zahlreicher noch, ein zweiter Kreis von reichen jun-

gen Erbinnen, die ans Heiraten gar nicht mehr dach- **27**
ten, sondern das Zölibatsgelübde gleich ablegten,
um lebenslang ihr Geld zu behalten und somit selb-
ständig zu bleiben. Weil sie den christlichen Betrieb
in Rom finanzierten, war die Macht dieser Frauen
gross. Frauen-Power zum ersten Mal in der römischen Geschichte. Dank Zölibat.

Die Schwäche der katholischen Frauenbewegung
war, dass sie zu Anfang keine rechten männlichen
Verbündeten hatte. Wohl stellten manche dieser reichen Christinnen einen zölibatären Mann an, sei es
als geistlichen Sekretär, sozusagen als Hauskaplan,
sei es, in den meisten Fällen, wohl nur als Vorsteher
für das Gesinde. Doch dies war eine ungleiche Partnerschaft, die den Mann, vor allem in den Augen
der Heiden, der Geringschätzung preisgab. ›Die
Frau‹, schreibt Achelis, ›blieb die Eigentümerin des
Hauses und seiner Reichtümer, sie bestimmte die
Rechte ihres Beistandes, konnte seine Stellung he-
ben und drücken nach Gutdünken, und es fehlten
die natürlichen Motive, die den Gatten der Gattin
überordnen.‹

Die christlichen Männer, die sich anfangs zu dieser neuen, zölibatären Partnerschaft bereitfanden,
taugten jedenfalls nicht viel. Das war in allen christlichen Grossstädten so, auch in Alexandrien und in
Antiochien. In Rom kam, wie gesagt, hinzu, dass
Keuschheit als typisch griechisch galt, somit als un-
römisch und sexually not correct. So richtig für den
Zölibat begeistern mochten sich unter diesen Umständen in Rom nur ein paar windige Intellektuelle.
Der windigste war zweifellos der heilige Hierony-

mus. Eusebius Sophronius Hieronymus. Viel Geld hat die heilige Paula in ihn gesteckt, um ihn als Zölibatsapostel aufzubauen. Es war eine einzige Fehlinvestition.

Mit dem historischen Schwindel, Zölibat sei urrömisch, von Seneca (›continentissimae vitae fuit‹) erfunden, machte sich der heilige Hieronymus vor den Heiden Roms lächerlich. Mit seiner exzentrischen Behauptung, Selbstmord sei besser als Sex, brachte er auch die christlichen Familienväter derart gegen sich auf, dass im Jahr 385 eigens ein römisches Konzil zusammentraf und den grossen Zölibatsprediger, zum Schutz des christlichen Familienlebens, aus Rom verbannte. Die Papis, ob heidnisch, ob christlich, triumphierten.

Sie triumphierten zu früh. Entschlossen packte die heilige Paula den heiligen Hieronymus unter den Arm und fuhr los nach Ägypten.

Ungeheure Gerüchte waren aus der ägyptischen Wüste nach Rom gedrungen. Dann waren Reisende zurückgekommen, mit Augenzeugenberichten, welche die Gerüchte noch übertrafen. In den Wüsten Ägyptens, hiess es in Rom, sei etwas Unvorstellbares los.

Die Wüstenväter: Aus den Städten und Dörfern am Nil, aus der christlichen Grossstadt Alexandrien waren Zehntausende von Männern aufgebrochen in die Wüste. Christliche Männer, die es einfach nicht wahrhaben wollten, dass die Religion der Märtyrer, jetzt als Staatsreligion, verkommen sollte in der Spiesserei beamteter Papis. Die das Christentum nicht als Familienkult verstanden, sondern als indi-

viduelles religiöses Experiment. Als ein so extremes
Abenteuer, dass viele von ihnen in der Wüste schon
den Tod gefunden hatten.

In Felsspalten und in Höhlen, in pharaonischen
Gräbern hatten manche Wüstenväter sich bei lebendigem Leib begraben. Wie Hirsche zogen andere in
Rudeln durch die Steppe, nur von Körnern und
Kräutern lebend, ruhelos die Weidegründe wech-
selnd. Andere wieder hatten sich, den menschlichen
Siedlungen näher, in hohle Stämme eingeschlossen
oder wohnten hoch oben in den Kronen von Bäu-
men. In selbstgegrabenen Erdlöchern, wie Hyänen,
lebten die verwegensten Wüstenväter draussen in
der unerbittlichen Einsamkeit der Nitrischen Salzwüste. Doch ob sie in Gräbern hausten, in tiefen
Brunnen oder, bald danach, auf hohen Säulen, eins
hatten sie gemein: Die Wüstenväter lebten allesamt
im radikalen Zölibat.

Es gibt so etwas wie historische Augenblicke. Der
römisch-katholische Zölibat erlebt seine Sternstunde
in jenem Augenblick des Jahres 385, in dem die heilige Paula in der Nitrischen Wüste, hoch von ihrem
Kamel herab, zum ersten Mal hinunterblickt in so ein
Hyänenloch, dort unten einen Wüstenvater entdeckt
und ohne Zweifel jene Worte spricht, die jede grosse
Lady bei einer solchen Begegnung sprechen würde:
›How do you do?‹

Nicht dass die heilige Paula Antonius den Grossen auf ihrer Wüstenfahrt noch persönlich kennengelernt hätte. Der bedeutendste Wüstenvater war zu
diesem Zeitpunkt schon tot. Aber sie hat lange Gespräche mit Macarius dem Jüngeren führen können,

mit Serapion und mit Arsenius. Drunten im Niltal waren ihr, der mächtigen Römerin, die Bischöfe Ägyptens in feierlicher Prozession huldigend entgegengezogen. Jetzt, weit draussen in der Nitrischen Wüste, stieg Paula selber vom Kamel, kniete nieder und warf sich, vor jedem Gespräch mit einem Wüstenvater, huldigend in den Sand.

Es sind diese Gespräche, in denen es der heiligen Paula gelang, jenes Geheimnis der Wüstenväter zu ergründen, das sich in Rom zu den wirrsten und widersprüchlichsten Gerüchten verdichtet hatte. Die Wüstenväter, behaupteten die einen, litten in der Einsamkeit des Zölibats unter den wildesten sexuellen Versuchungen. Der heilige Antonius insbesondere, so behauptet noch heute Karlheinz Deschner, habe im Geiste ständig ›ganze Legionen nackter Frauen‹ gesehen, und zwar, so weiss es Karlheinz Deschner ganz präzis, ›Frauen in jeder Stellung‹.

Die ›Versuchungen des heiligen Antonius‹ also, das war in Rom die Gerüchteklasse I. Völlig anders die Gerüchteklasse II. Danach waren die Wüstenväter über jede Versuchung des Fleisches souverän erhaben. Vom selben heiligen Antonius heisst es zum Beispiel in der ›Vita Antonii‹, er habe den Teufel, als dieser ihm in der Gestalt eines nackten Weibes erschien, schallend ausgelacht.

In Rom wurde gar von Wüstenvätern erzählt, die scharenweise in die ägyptischen Städte zurückkehrten, dort in die Badehäuser einfielen und sich, unbekümmert um die Trennung nach Geschlechtern, einfach ins Becken für Frauen setzten. Als ob sie demonstrieren wollten, dass das Geschlecht eines Menschen

gänzlich gleichgültig sei. Ja es war die Rede von Wüstenvätern, die in den Dörfern am Rande der Wüste
nackt zur heiligen Messe gingen, nackt zur heiligen
Kommunion. Und wenn einer das skandalös fand,
gaben sie nur eine Auskunft, stets die gleiche: ›Qui
spiritu Dei repleti sunt, nudi incedunt‹. Übersetzt
heisst das etwa: Wenn sie vom Geist Gottes erfüllt
sind, können Mann und Frau einander so nackt be-
gegnen wie Adam und Eva.

Besessenheit durch lüsterne Phantasien oder
himmlische Souveränität: Was ist typisch für den Zölibat? Beides, erfuhr die heilige Paula bei ihren Ge-
sprächen mit den Wüstenvätern. Beides zugleich.
Wie alles Lebendige ist der Zölibat nämlich nichts
Statisches, sondern etwas Dynamisches, etwas, das
sich erst langsam entwickeln muss, und zwar in sieben Stufen. Kassian, ein christlicher Schriftsteller, der
auf den Spuren der heiligen Paula kurz danach durch
dieselbe Wüste zog, definiert die sieben Stufen des
Zölibats so:

›Auf der ersten Stufe beginnt die Keuschheit damit, dass der Zölibatär tagsüber den Regungen des
Fleisches nicht erliegt. Auf der zweiten Stufe verweilt
er bei diesen Regungen nicht einmal im Geiste. Auf
der dritten Stufe macht es ihm nicht mehr den geringsten Eindruck, wenn er eine Frau sieht. Auf der
vierten Stufe hören die Regungen des Fleisches tagsüber gänzlich auf. Auf der fünften Stufe ist er in der
Lage, über die Dinge des Fleisches zu reden wie über
irgendwelche banalen und belanglosen Dinge. Auf
der sechsten Stufe ist er auch des Nachts gänzlich frei
von jenen Phantasien, vor denen uns Gott bewahren

32 möge.‹ Was die siebte Stufe des Zölibats betrifft, so
äussert sich Kassian sehr geheimnisvoll. Er selber,
schreibt er, habe diese Stufe erreicht, und sie sei ein
so herrliches Erlebnis, dass man darüber nur mit den
wenigen reden könne, die sie auch erreicht hätten.
Immerhin gibt er zu verstehen, dass auf dieser letzten und höchsten Stufe des Zölibats Mann und Frau
einander wieder ganz neu kennenlernen, in völliger
Freiheit und schamlosem Glück: ›Qui spiritu Dei repleti sunt …‹

Wir sind auf diesen nachträglichen Bericht Kassi-
ans angewiesen, weil uns der heilige Hieronymus,
der ja die heilige Paula als Sekretär begleitete, keinen
brauchbaren Bericht hinterlassen hat. Der sensible
Intellektuelle war, anders als die heilige Paula selbst,
den Strapazen der Salzwüste von Anfang an nicht
gewachsen. So krank war er, dass er statt der Gespräche der heiligen Paula mit den Wüstenvätern nur seine eigenen Zustände aufschreiben konnte. ›Jeden
Tag weinte und stöhnte ich‹, berichtet der heilige
Hieronymus. ›In dieser Gegend, in die ich mich aus
Angst vor der Hölle begeben hatte, und wo Skorpio-
ne und Raubtiere mich umringten, träumte ich davon, dass Scharen von Jungfrauen mich umringten.
Mein Gesicht war von Entzehrung fahl, aber von in-
nen erfüllte den erkälteten Leib die Glut wilder Be-
gierde. In einem Körper, der schon abgehärtet schien,
loderten wild die Flammen der Lust.‹ Der Mann, der
den Römerinnen und Römern jahrelang gepredigt
hatte, Selbstmord sei besser als Sex, stand offenbar
selber höchstens auf Stufe 1 des Zölibats. Wenn nicht
auf Stufe 0.

Wie der heilige Hieronymus nach dieser Wüsten- fahrt ernsthaft in sich ging; wie er selber, als ›Hiero-nymus im Gehäuse‹, ein echter Wüstenvater wurde und langsam, unter der täglichen strengen Aufsicht der heiligen Paula, aufstieg von Zölibatstufe 0 zu Zölibatstufe 7; wie er, dank dem Geld der heiligen Paula, aus dem Exil eine so erfolgreiche Kampagne gegen die Familienväter führen konnte, dass Rom, die Kapitale des Patriarchats, sich noch zu seinen Lebzeiten wunderbar wandelte in eine cathedra des Zölibats – das ist eine Geschichte für sich, und ich habe sie anderswo erzählt.[1] Hier kommt es auf nichts an als auf den schicksalhaften Beginn: Rom zieht in die Wüste. Die letzte grosse Römerin holt aus Ägypten nach Rom das Unrömischste, was es jemals gab. Gegen alle finanziellen und sexuellen Ansprüche der christlichen Familienväter macht sie die Askese der Wüstenväter zum Herzstück der neuen Weltreligion.

Wer die Strapaze auf sich nimmt, eine der gängi-gen Geschichten des Zölibats zu lesen, der gerät in ein unsägliches Gewirr von augustinischen und be-nediktinischen Entwicklungslinien, in ein kaum übersehbares Labyrinth von Konzilsbeschlüssen und päpstlichen Erlassen, etwa vom Konzil von Elvira (306) bis zum Zweiten Laterankonzil (1139). So kom-pliziert werden Dinge immer, wenn man das Einfa-che und Wesentliche nicht sieht: Rom und Ägypten, das ist die katholische Kernfusion. Aus Rom das rö-mische Amt, die römische Ordnung, jene römische

---

1 In: Wie der Erzbischof von Köln heiraten musste. Das Beste aus Zanders Universaler Kirchengeschichte. Patmos, Düsseldorf, 3. Auflage 1997.

Zucht und Macht, die sich in der heiligen Paula persönlich ein letztes Mal verkörpert hat; aus Ägypten aber der Zölibat als ein ganz unrömisches, radikales Abenteuer alternativer Männlichkeit. Aus Rom die ›coelibes‹, eine emanzipatorische Frauenbewegung; aus Ägypten, anders geartet und doch verwandt, die männliche Protestbewegung der ›monachi‹. Urchristlich ist diese Fusion nicht, weiss Gott nicht. Wie alle Dinge des 4. Jahrhunderts ist sie, im Gegenteil, katholisch.

›Der Zölibat ist kein Dogma‹, hat Papst Johannes XXIII. einmal im Gespräch mit Etienne Gilson gesagt. ›Die Heilige Schrift schreibt ihn nicht vor. Es ist also leicht: Wir nehmen einen Federhalter, unterschreiben eine Akte, und morgen schon können die Priester, die es wünschen, heiraten.‹ Und dann, mitten im Gedankenspiel, die jähe Feststellung Johannes XXIII.: ›Wir können es nicht.‹

Non possumus. Mit einem verblüffend undogmatischen, ja untheologischen Begriff hat Papst Johannes Paul II. den Zölibat als ›Charakteristikum‹ der Katholischen Kirche bezeichnet. Wenn sie ihn abschafft, verliert sie kein Dogma und verletzt kein biblisches Gebot. Nichts schafft sie ab als den eigenen Charakter, und den im Kern.

Nur eine junge, noch unerhört vitale Kirche konnte im 4. Jahrhundert so gegensätzliche Elemente wie das römische Amt und die ägyptische Askese verbinden zur schöpferischen Synthese des katholischen Zölibats. Heute ist diese Kirche alt. Sie ist bedrängt, ja schon beherrscht von Epigonen, die nichts im Sinn haben, als sich selber zu verwirklichen, finanziell

und sexuell, und die nichts können als abschaffen.
Doch solang es noch so etwas geben wird wie Katholizität, solang wird dieses sein: das römische Amt,
und mitten drin, als unverzichtbares Herzstück, das
Abenteuer der Wüste: der Zölibat.

3. *Argument*
Zölibat macht schlank.

38 Alle reden vom schlanken Staat. *Wir* haben den schlanken Klerus. Dank dem Zölibat haben wir sogar einen höchst wünschenswerten, vorbildlichen Personalmangel. Unter ›Priestermangel‹ leiden wir schwer. Ach, litten wir doch auch, genau so schwer, unter staatlichem ›Beamtenmangel‹.

Alle reden von der Senkung der Lohnnebenkosten. *Wir* haben sie, die minimalen Lohnnebenkosten: Mit 75 geht der zölibatäre Priester in Deutschland derzeit in den Ruhestand. Mit 70 kann er den vorgezogenen Ruhestand beantragen. Die wenigsten tun das. Viele arbeiten über 75 hinaus. Freiwillig und gern.

Alle reden vom ›Vomosi‹. Das ist der ›vollmobile Single‹, der neue Typ des flexiblen Arbeitnehmers, nach dem alle deutschen Personalchefs vergeblich Ausschau halten. *Wir* haben ihn längst, den Vomosi. Seit anderthalb Jahrtausenden steht er, als zölibatärer Priester, am Altar des ältesten globalen Unternehmens der Welt. Heute liest er Messe in Köln-Nippes. Morgen hilft er in São Paolo als kirchlicher Streetworker aus. Übermorgen fährt er als Schiffskaplan mit christlichen Senioren auf Kreuzfahrt in die Karibik. Dazwischen bohrt er flink für die Patengemeinde in Zimbabwe einen neuen Brunnen. Und schon packt er das Köfferlein für den Ökumenischen Kongress in Katmandu. Von morgens 6.00 h (Frühmesse) bis nachts um 2.00 h (Internet-Seelsorge) geht es bei unserem Pfarrer zu wie auf der Rennstrecke in Indianapolis. Es muss so zugehen. Gottes Vomosi ist das Modell des Arbeitnehmers, wie ihn der Wirtschaftsstandort Deutschland heute, im globalen Wettbewerb, unbedingt braucht.

Und jetzt das Unbegreifliche: Da haben also Deutschlands Katholiken wirklich einmal etwas, worauf sie stolz sein könnten. Sie haben das berufliche Modell, das den Standort Deutschland retten könnte. Aber nein, sie schämen sich ihres Modells. 84 Prozent wollen ihn, ausgerechnet heute, möglichst schnell abschaffen, den Vomosi Gottes. Haben sie sich denn wenigstens überlegt, was das, in diesen schlechten Zeiten, kosten wird?

Für den ›cultural lag‹, für die infantile Rückständigkeit der katholischen Konfession gibt es wohl keinen schlimmeren Beweis: In einer Zeit, in der Reformieren Sparen heisst, in der jede Reform beim Geld anfängt, reden bei uns alle von einer Reform im Klerus, ohne die allergeringste Berechnung anzustellen, was sie denn kosten wird, die so heiss ersehnte Abschaffung des Zölibats.

Der einzige, der wenigstens schon mal eine Zahl genannt hat, ist keiner von uns, sondern, in ökumenischer Solidarität, der altkatholische Bischof in Bonn, Joachim Vobbe. Die Altkatholische Kirche ist eine Kleinkirche, die sich nach dem Ersten Vatikanischen Konzil von der Römisch-Katholischen Kirche abgespalten hat, weil sie das Unfehlbarkeits-Dogma nicht anerkennen wollte. Sehr schnell wurde dann in dieser Kirche auch der Zölibat abgeschafft. Im übrigen aber ist sie eine katholische Kirche geblieben, der unseren ganz nahe verwandt.

›Priestermangel kennen wir nicht‹: Mit dieser stolzen Feststellung hat sich Joachim Vobbe, selber Vater von zwei Söhnen, in den römisch-katholischen Streit um den Zölibat dankenswert eingemischt. Und er

40   nannte eine Zahl. Während sich in der Römisch-Katholischen Kirche Deutschlands mehr als 1500 Gläubige mit einem zölibatären Priester begnügen müssen, trifft es bei den deutschen Altkatholiken, mangels Zölibat, schon auf 400 Gläubige einen verheirateten Priester. Über den Daumen von Bischof Vobbe gerechnet, dürfen wir also in der Römisch-Katholischen Kirche, nach der Abschaffung des Zölibats, auf eine Vervierfachung des Klerus hoffen.

Joachim Vobbes hochinteressanter Vergleich bedarf, im Sinne einer kostenanalytischen Prognose, nur einer kleinen Berichtigung. Als Kleinkirche hat die Altkatholische Kirche einen reinen Gemeindeklerus mit einem einzigen Bischof, der denkbar bescheiden, ohne jeden kurialen Anhang, in Bonn sitzt. Die Römisch-Katholische Kirche dagegen hat, allein in Deutschland, einen Überbau von 29 bischöflichen Kurien mit 102 Purpurträgern. So benötigt zum Beispiel der ›Personalschematismus‹ für das Bistum Würzburg 55 Seiten, um allein alle Mitarbeiter der bischöflichen Kurie von Würzburg aufzulisten. Gewiss nicht alle, aber viele davon sind Priester. Dazu kommen für das Bistum Würzburg 18 Seiten ›Sonderseelsorger‹, vom ›Polizeiseelsorger‹, dem ›Franzosenseelsorger‹ und dem ›Kurseelsorger‹ bis, wahrhaftig, hin zum ›Priesterseelsorger‹. Dieser enorme, gemeindeunabhängige klerikale Überbau der Römisch-Katholischen Kirche ist aber ungleich leichter aufblähbar als der reine Gemeindeklerus der Altkatholischen Kirche. Berücksichtigt man diesen strukturellen Unterschied zwischen Bischof Vobbes katholischer Kleinkirche und unserer katholischen Grosskirche, so ist es eine sehr vorsichtige Prognose, dass **41** sich der römisch-katholische Klerus, nach der Abschaffung des Zölibats, nicht nur, entsprechend dem altkatholischen Modell, um den Faktor 4 vermehren wird, sondern zumindest um den Faktor 5.

Das ist ein ›Deutsches Modell‹, und es ist, kostenanalytisch gesprochen, ein ›best case scenario‹. Es gibt nämlich auch noch ein ›worst case scenario‹. Zur Zeit der heiligen Theresia von Avila (1515–1582) war in Spanien der Zölibat zwar nicht abgeschafft, aber er wurde so wenig ernst genommen oder gar kontrolliert, dass er kaum einen frommen Jüngling mehr vom Priestertum abzuschrecken vermochte. Die Folge war, dass, nach sehr seriösen historischen Schätzungen, jeder vierte spanische Mann damals Kleriker wurde. Und das aus den besten Motiven. Was gibt es Schöneres für einen gutwilligen jungen Mann, als in lebenslang unkündbarer Stellung allen andern zu verkünden, wo's lang geht zum Himmelreich, und sich dazu, das ist das allerschönste, auch noch sexuell selbstzuverwirklichen?

Das ist das ›Spanische Modell‹. Für Deutschland würde es bedeuten, dass wir statt bisher 18 663 zölibatären Priestern nach der Abschaffung des Zölibats eine schwarze Schwemme von gut 2,5 Millionen sexuell selbstverwirklichten katholischen Gottesmännern bekämen. Dabei haben wir noch nicht bedacht, dass unsere Schwestern und Brüder vom ›KirchenVolksBegehren‹ auch das Priestertum der Frau einführen wollen. Wir bekämen somit, nach dem ›Spanischen Modell‹, in Deutschland 5 Millionen selbstverwirklichte Priesterinnen und Priester.

42   Die Kosten dieses ›worst case scenario‹ will ich lieber nicht ausrechnen. Ich kann es auch gar nicht. Ich habe hier auf meinem Schreibtisch nur einen vorkonziliaren Rechenschieber. Mein Freund, der Kölner Generalvikar Norbert Feldhoff, hat mir aber versprechen müssen, das ›Spanische Modell‹ auf seinem vielgerühmten postkonziliaren Computer durchzurechnen. Ich wünsche ihm schon lange eine Rechnung, bei der auf seinem postkonziliaren Bildschirm das gefürchtete Bombensymbol (›Ein unheilbarer Systemfehler ist eingetreten‹) erscheint.

Begnügen wir uns hier, in christlicher Heiterkeit, mit dem vorkonziliaren Rechenschieber und mit dem ›best case scenario‹. Gemäss diesem ›Deutschen Modell‹ werden wir nach der Abschaffung des Zölibats, statt derzeit 18663 Priester, künftig 93315 Priester finanzieren müssen, 74652 mehr als bisher. Wobei wir, immer im Sinne des ›best case scenario‹, hoffnungsvoll davon ausgehen, dass der Priesterschwemme nach der Abschaffung des Zölibats nicht alsbald auch noch eine Priesterinnenschwemme folgen werde.

Nun fallen Priester, anders als Priesterkinder, nicht wie Sternschnuppen vom Himmel. Sie müssen ausgebildet werden. Nach einer nicht näher begründeten, aber gewiss glaubwürdigen Schätzung von Eugen Drewermann kostete 1991 die zusätzliche Ausbildung eines Diplom-Theologen zum Priester 300000DM. Das kann seither nicht billiger geworden sein. Selbst wenn wir, leichtsinnig genug, überhaupt nicht in Betracht ziehen, was diese Theologenschwemme den Staat an den staatlich finanzierten katholischen Fakultäten kosten wird, ergeben sich auf jeden Fall für die Kirche selber folgende zusätzliche Kosten:

Zusätzliche Priester-Ausbildungskosten in Deutschland nach der Abschaffung des Zölibats:

$$74\,652 \times 300\,000 = 22\,395\,600\,000,00\,\text{DM}$$

22 Milliarden Mark also, bei derzeit 8,5 Milliarden Mark Kirchensteuer-Einnahmen im Jahr. Kein Wunder, dass mein Freund Norbert Feldhoff, stets weit vorausblickend, die Kindergartenplätze im Erzbistum Köln schon jetzt drastisch reduzieren will. Aber halten wir uns nicht mit so kleinlichen Streitereien innerhalb unseres engen deutschen Horizonts auf. Es geht um die Weltkirche! Als ältestes globales Unternehmen beschäftigt die Katholische Kirche in aller Welt 404 000 Priester (Tendenz schon jetzt leicht zunehmend). Ohne die deutschen Priester sind es 386 000. Nach dem bestmöglichen Szenario, dem ›Deutschen Modell‹, werden sie sich nach der Abschaffung des Zölibats um den Faktor 5 vermehren. Zusätzlich zu den bereits ausgebildeten 386 000 zölibatären Priestern müssen wir demnach weltweit 1 544 000 heiratslustige Neupriester ausbilden. Mit einem loading von 0,6 stellen wir in Rechnung, dass die Priesterausbildung in manchen Ländern, zum Beispiel in Indien, Guatemala oder Zimbabwe, erheblich billiger ist als in Deutschland:

Zusätzliche Priester-Ausbildungskosten nach
Abschaffung des Zölibats
(Weltkirche ohne Deutschland):

$$1\,544\,000 \times 300\,000 \times 0,6 = 277\,920\,000\,000,00\,DM$$

Knapp 278 Milliarden Mark. Nachdem wir so viele
neue Ehe- und Gottesmänner sorgfältig ausgebildet
haben, müssen wir sie jetzt als ›Arbeiter im Wein-
berg des Herrn‹ (Matthäus, Kapitel 20, Vers 1) will-
kommen heissen. Wir müssen sie bezahlen gemäss
dem Geheiss des Apostels: ›Jeder Arbeiter ist seines
Lohnes wert‹ (1. Timotheusbrief, Kapitel 5, Vers 18).
Wir können nämlich nicht einfach die Stellen be-
schränken, wie das, aus einem ganz anderen Amts-
verständnis heraus, die Evangelische Kirche tut, in
der sich schon jetzt, etwa in der Rheinischen Landes-
kirche, um jede offene Pfarrer-Viertels-Stelle etwa
achtzig Bewerber streiten. Der katholische Glaube
versteht das Priestertum nicht als eine Sache des ad-
ministrativen Stellenplans, sondern als eine unab-
weisbare, göttliche Berufung: ›Du bist Priester in
Ewigkeit nach der Ordnung des Melchisedech‹
(Psalm 110, Vers 4).

So ein Melchisedech wird nach A 13 bezahlt, das
heisst, er bekommt, nach Bistum und Alter etwas
verschieden, das Gehalt eines Studienrats. Kostenanalytiker sehen allerdings im Gehalt nur einen Teil
der gesamten ›Arbeitsplatzkosten‹, die bei einem
Studienrat, und ähnlich bei einem katholischen Priester, mit 140 000 DM äusserst bescheiden angesetzt
sind. In der Fachsprache der Kostenanalytiker ge-

sagt: Ein Mannjahr kostet im Klerus etwa 140 000
Mark. Die Rechnung wird jetzt spannend:

**Zusätzliche Arbeitsplatzkosten im deutschen
Klerus nach der Abschaffung des Zölibats:**

Da ein Priester seinen Arbeitsplatz in der Regel vom
27. bis 75. Altersjahr innehat und danach meist auch
als Pensionär drei Jahre lang in einem gewissen Mass
seelsorglich tätig bleibt (etwa entsprechend einem
loading von 3 x 0,6), ergeben sich als Gesamtkosten
pro Priester 49,8 Mannjahre, somit für die gesamte
jetzt tätige Priestergeneration (Ist-Stand von 1997):

$$49,8 \times 18\,663 \text{ Mannjahre} \times 140\,000\,\text{DM}$$
$$= 130\,118\,430\,000\,\text{DM}$$

Nach der Abschaffung des Zölibats werden sich diese Kosten ›im best case scenario‹ um den Faktor 5
vermehren:

Postzölibatäre Gesamtkosten:

$$5 \times 130\,118\,430\,000\,\text{DM} = 650\,592\,215\,000\,\text{DM}$$

abzüglich bisherige Kosten: 130 118 430 000 DM

**Zusätzliche postzölibatäre Arbeitsplatzkosten
im deutschen Klerus: 520 473 720 000 DM**

520 Milliarden. Warum ist diese Zahl so spannend?
Weil sie, schwarz auf weiss, beweist, was manchem
schon eine Weile schwant, was aber keiner bisher
auszusprechen wagte: *Die Abschaffung des Zölibats kostet etwa gleich viel wie die deutsche Wiedervereinigung.*
Gewiss verteilen sich die Kosten für die Abschaffung

46 des Zölibats über einen sehr viel längeren Zeitraum. Aber das ist nicht unbedingt ein Trost. Eine Kostenanalyse für die Wiedervereinigung kann immerhin von der Hoffnung ausgehen, dass das alles wieder einmal aufhört. Die Kosten für die postzölibatäre Priesterschwemme aber werden niemals aufhören. Über das Jüngste Gericht hinaus, noch im Himmel werden wir ewig weiterzahlen. Denn ›Du bist Priester in Ewigkeit nach der Ordnung des Melchisedech‹ (Psalm 110, Vers 4).

Blicken wir jetzt wieder über den engen deutschen Horizont hinaus auf die viel ernsteren Finanzprobleme, die der Weltkirche nach der Abschaffung des Zölibats drohen. Dabei gehen wir von zwei äusserst optimistischen Annahmen aus: 1. dass die Entwicklung überall nach dem ›Deutschen Modell‹ (›best case scenario‹) vor sich gehen wird und nicht, wofür besonders in Südamerika und auf den Philippinen manche Anzeichen sprechen, nach dem ›Spanischen Modell‹ (›worst case scenario‹), 2. dass die Arbeitsplatzkosten, wie in anderen Wirtschaftsbereichen so auch im Klerus, in der übrigen Welt sehr viel geringer sind als in Deutschland, entsprechend etwa einem loading von 0,4 (›Niedriglohnpriester‹).

Zusätzliche Arbeitsplatzkosten in der Weltkirche (ohne Deutschland) nach der Abschaffung des Zölibats:

1 Mannjahr im Weltklerus:
140 000 DM x 0,4 = 56 000 DM

Gesamt-Arbeitsplatzkosten im Weltklerus (ohne
Deutschland) bisher:

$$386\,000 \times 49{,}8 \text{ Mannjahre} \times 56\,000\,\text{DM}$$
$$= 1\,076\,476\,800\,000\,\text{DM}$$

Gesamt-Arbeitsplatzkosten im Weltklerus (ohne Deutschland) nach der Abschaffung des Zölibats unter Zugrundelegung des ›Deutschen Modells‹ (›best case scenario‹):

$$1\,076\,476\,800\,000\,\text{DM} \times 5 = 5\,382\,384\,000\,000\,\text{DM}$$

abzüglich bisher schon
anfallende Kosten: 1 076 476 800 000 DM

Zusätzliche Arbeitsplatzkosten im Weltklerus (ohne Deutschland) nach Abschaffung des Zölibats: **4 305 907 200 000 DM**

In Worten: 4 Billionen 305 Milliarden 907 Millionen und 200 000 DM.

Dazu ein ökumenischer Hinweis für unsere ahnungslosen evangelischen Schwestern und Brüder: Der Heilige Stuhl hat eine Währungsunion mit Italien. Bald schon wird er, im Verein mit Italien, Aufnahme finden in der europäischen Währungsunion. Wird da nicht für Rom die Versuchung übermächtig, die Abschaffung des Zölibats mit einer galoppierenden Inflation des Euro zu finanzieren?

Dabei sind wir mit unserer katholischen Rechnung noch gar nicht am Ende. Uns fehlen ja noch die Versorgungskosten für die künftigen Priesterfamilien. Nach dem ›Deutschen Modell‹ (›best case scenario‹) können wir getrost davon ausgehen, dass so ein priesterlicher Ehemann nicht mehr bis 75 arbeiten will, sondern höchstens, wie sein evangelischer Amtsbruder, bis 63 (›Schatzi, wir wollen doch noch was vom Leben haben!‹). Versicherungsmathematisch, das heisst nach den aktuellen Sterbetafeln der Deutschen Aktuars-Vereinigung, ergeben sich für die Neupriester und ihre Priesterwitwen Versorgungskosten, die hier, der Einfachheit halber, nur im Ergebnis festgehalten sind:

Zusätzliche Versorgungskosten für Priester und Priesterwitwen nach der Abschaffung des Zölibats:

Gesamt-Versorgungskosten pro Generation verheirateter Priester in Deutschland: 75 249 216 000 DM

In der Weltkirche (ohne Deutschland):

622 540 800 000 DM

Erstaunlich bescheiden dagegen die Versorgungskosten für die Priesterwitwen, nämlich nur:

In Deutschland: 2 918 164 000 DM
In der übrigen Welt
(›Niedriglohnwitwen‹):   189 516 736 000 DM

Zusätzliche Gesamtversorgung nach Abschaffung des Zölibats: 910 224 916 000 DM

910 Milliarden Deutsche Mark. Es ist jetzt Zeit, unsere gesamte Kostenanalyse zusammenzufassen in eine Tabelle, die jeder, der künftig noch mitreden will über den Zölibat, am besten gleich auswendig lernt:

	Deutschl.	Übr. Welt
Zus. Ausbildungskosten	22 Mrd.	278 Mrd.
Zus. Gehälter	520 Mrd.	4306 Mrd.
Zus. Pensionen	75 Mrd.	623 Mrd.
Neue Witwen-Renten	23 Mrd.	190 Mrd.
Summae	640 Mrd.	5397 Mrd.
Summa summarum	6 Billionen und 37 Mrd.	

Ist das alles?

Nein. Das Wichtigste haben wir vergessen: den
Vatikan. Wenn nächstens die Priester in aller Welt
fröhlich am Arm ihrer Schwiegermütter daherkom-
men, werden wir dieses übergrosse Glück dem
Nachfolger Petri selber nicht verwehren können.
Was darf sie kosten, die ganze Heilige Familie, die
sich morgen, statt eines einsam sich aufopfernden
Heiligen Vaters, im Vatikan, vital und dynamisch,
selbstverwirklicht?

Zuerst das ›best case scenario‹. Nennen wir es das
›Englische Modell‹. Es geht davon aus, dass nach der
päpstlichen Familiengründung im Vatikan keine
schlimmeren Zustände herrschen werden als jetzt im
Buckingham-Palast. Nach dem Bericht ›Royal Finan-
ces‹, den Ihre Majestät, Königin Elisabeth II., selber
veranlasst hat, kosteten die Royals 1996 den briti-
schen Steuerzahler 44,7 Millionen Pfund, etwa 122
Millionen Mark. Dass zur Zeit das königliche Fami-

lienschiff ›Britannia‹ auf Steuerzahlerkosten für 60 Millionen Pfund (etwa 165 Millionen Mark) neu auf Kiel gelegt wird, ist freilich in der Rechnung Ihrer Majestät sowenig berücksichtigt wie jene Spesen, welche die Royals ›nicht als Souverän‹ machen. Es handelt sich um mindestens 200 Millionen Mark, die auch dadurch nicht weniger werden, dass sie aus einem märchenhaft zustandegekommenen ›königlichen Privatvermögen‹ von etwa fünf Milliarden Mark gedeckt werden.

Trotz allen Unwägbarkeiten legt diese königliche Kalkulation doch die Annahme nahe, dass die Familie Elisabeths II. für sich allein im Jahr etwa soviel kostet wie zur Zeit der ganze Vatikanstaat (1997: 315 Millionen Mark). Nach diesem ›best case scenario‹ würde es also zur Finanzierung einer päpstlichen Familienwirtschaft genügen, den jetzigen Haushalt des Vatikans um 100 % aufzustocken auf 630 Millionen Mark. Für uns sind das inzwischen Peanuts. Wahrscheinlich würde es genügen, den ›Peterspfennig‹, die Kollekte für den Papst, die zur Zeit in Deutschland jährlich 15 Millionen Mark bringt, umzuwandeln in einen ›Peters-Euro‹, und die Heilige Familie im Vatikan wäre, allein aus deutschen Geldern, finanziert.

Leider liegt der Vatikan nicht in England, sondern in Italien. Nach dem englischen ›best case scenario‹ müssen wir jetzt, wohl oder übel, das ›worst case scenario‹ durchrechnen, nämlich das ›Italienische Modell‹.

Die Borgias! ›Nicht zehn Papsttümer würden ausreichen, diese Familie zu befriedigen‹, heisst es schon

Während die ganze Kurie gespannt darauf wartete,
dass Papst Alexander VI. den Zölibat abschaffe, um
das Papsttum auch ganz offiziell umzuwandeln in
eine Familiendynastie, vergass man leider in der
päpstlichen Buchhaltung das Rechnen. Aus diesem
Grund ist es nicht einmal Leopold von Ranke, dem
unbestechlichen evangelischen Papsthistoriker, ge-
lungen, die immensen Kosten dieses exemplarischen
Familienbetriebs im Vatikan zuverlässig zu kalkulie-
ren. Ranke wich daher aus auf einen späteren Pontifex, nämlich auf Urban VIII., einen sehr tüchtigen
Papst, der mit Alexander VI. nur eines gemein hatte:
Auch Urban VIII. liebte seine Familie über alles. Was
hat das die Christenheit gekostet?

Ranke war entsetzt, als er beim Studium der
Quellen auf 105 Millionen Scudi kam, umgerechnet
also auf gut 5 Milliarden Mark. In seinem protestantischen Biedersinn vermutete er zuerst einen eigenen Rechenfehler, dann einen Schreibfehler in den
Quellen. Ludwig von Pastor, der katholische Historiker, der viel besseren Zugang zu vatikanischen Ar-
chiven besass, hat Rankes Zahlen deshalb noch einmal penibel nachgeforscht. Er kam zu dem Ergebnis, dass der Protestant sich in der Tat verrechnet
hat. Aber nicht nach oben, sondern nach unten. Die
105 Millionen Scudi (5 Milliarden Mark), auf die
Ranke kam, sind nämlich nur das Kirchengeld, das
die beiden Papstbrüder Antonio und Taddeo in Privatvermögen umgewandelt hatten. Ausser Antonio
und Taddeo gab es aber auch noch den Barberini-
Bruder Francesco sowie mehrere Dutzend Barberi-

52 ni-Onkels, Barberini-Tanten sowie, besonders talentiert in der Selbstbedienung, Barberini-Nichten. Auf Geheiss Papst Urbans VIII. hat zum Beispiel eine vatikanische Kommission offiziell festgelegt, dass jeder Barberini-Nichte eine päpstliche Aussteuer von 180.000 Scudi (etwa 9 Millionen Mark) zustehe. Wie teuer wäre erst die Hochzeit einer Barberini-Tochter geworden? Das werden wir vielleicht noch zu unseren Lebzeiten, nach der Abschaffung des Zölibats, im ›worst case scenario‹ erfahren. Falls uns Gott mit dem ›Italienischen Modell‹ straft, dürfte jedenfalls die Umwandlung des ›Peterspfennigs‹ in einen ›Peters-Euro‹ zur Finanzierung der päpstlichen Familie nicht mehr genügen. Nur eine erneute, gross organisierte Ablasspredigt in Deutschland (›Wenn das Geld im Kasten klingt …‹), am besten unter Mitwirkung der privaten Fernsehanstalten, könnte den nötigen Zaster beschaffen für das päpstliche Familienglück nach dem ›Italienischen Modell‹.

Unter diesen Umständen sei das letzte Wort einem Deutschen überlassen, der sich über den Zusammenhang von Religion und Geld mehr und bessere Gedanken gemacht hat als jeder von uns. Was würde Karl Marx sagen, wenn er erführe, dass die deutschen Katholiken den Zölibat abschaffen wollen? Würde er sich nicht umdrehen in seinem armseligen Grab auf dem Londoner Highgate Cemetery?

Nein. Auferstehen würde Karl Marx aus seinem Grab in Highgate. Heimkehren würde er nach Trier. Ins Gesicht würde er seinen katholischen deutschen Landsleuten sagen: Unter euch wächst eine neue

Ausbeuterklasse heran, ein fetter Klerus, der sich un- **53**
ter dem besonders verlogenen Vorwand der sexuellen Selbstverwirklichung anschickt, der arbeitenden
Menschheit Billionen von Mark aus der Tasche zu
ziehen.

An die   Datum des Poststempels
Initiative KirchenVolksBegehren   Einschreiben mit Rückschein
›Wir sind Kirche‹
Hildesheimer Str. 103
30173 Hannover

Sehr geehrte Schwestern und Brüder:

Ja, auch ich war einer von den 84 Prozent deutscher Katholiken, die, laut Umfrage, 1995 den Zölibat ›falsch‹ fanden. Ich war sogar einer der 1,8 Millionen deutschen Katholiken, die aus Protest gegen den Zölibat ihre Unterschrift unter das KirchenVolksBegehren gesetzt haben.

Das war sehr dumm von mir.

Als ›guter Haushalter‹ (1. Petrusbrief, Kapitel 4, Vers 10) habe ich jedoch inzwischen eine äusserst gründliche und seriöse Kostenanalyse zur Abschaffung des Zölibats studiert. Mir stehen die Haare zu Berge bei der Vorstellung, ich könnte mitschuldig werden an einer Priesterschwemme, die so teuer wird wie die Wiedervereinigung. Als deutscher Katholik bin ich besonders entsetzt beim Gedanken, im Vatikan eine Heilige Familie nach dem Borgia-Modell zu finanzieren. Begeistert bin ich dagegen vom ›schlanken Klerus‹ als Vorbild für den ›schlanken Staat‹. Ich bin, mit einem Wort, wieder für den Zölibat.

Als — Katholische berufstätige Mutter und
SPD-Wählerin

— Katholischer Hausvater und CSU-Wähler

— Katholischer Single, Besserverdiener
und F.D.P.-Wähler

— Grüne Pfarrgemeinderätin von Sankt-...

[Nichtzutreffendes bitte streichen, Zutreffendes ergänzen]

ziehe ich deshalb meine Unterschrift unter das KirchenVolksBegehren zurück. Mein Rechtsanwalt ist verständigt.

Mit vorzüglicher Hochachtung

(Unterschrift)

4. *Argument*
Zölibat ist erotisch.

58 Vielleicht sollten wir alle wieder etwas eifriger am Leben unserer Pfarrgemeinden teilnehmen. Da nämlich sind im Augenblick die aufregendsten Dinge los, vor allem in den Pfarrgemeinden des Erzbistums Paderborn. Das behaupte nicht ich. Es steht bei Eugen Drewermann, dem ja, laut ›Spiegel‹-Umfrage, die Deutschen mehr glauben als dem Papst. Was also dürfen wir Eugen Drewermann glauben?

Einem Priester, der unter dem allzu harten Joch des Zölibats schmachtet, versichert Drewermann, bleibe, nach seiner Paderborner Praxis-Erfahrung, im ganz gewöhnlichen Alltag der ganz gewöhnlichen Pfarrgemeinde einfühlsamer Beistand selten versagt: ›Man kann als Psychotherapeut nur immer wieder froh sein, dass und wenn es Frauen gibt, die als Verheiratete das rechte Mass an Sehnsucht und Erfahrung mitbringen, um einen solchen Priester bei der Hand zu nehmen und ihm Schritt für Schritt die Angst vor der Liebe, die Angst vor der Frau und die Angst vor sich selber zu nehmen.‹

Wie dürfen wir das verstehen? Wir müssen es so verstehen, wie Eugen Drewermann es selber versteht: ›Gewiss, im Sinne der kirchlichen Moraltheologie geschieht hier Ehebruch und Zölibatsverletzung, und doch sind solche Begegnungen im Niemandsland der Liebe von einer oft poetischen Sensibilität und Zärtlichkeit, schwebend und leicht wie der Duft erblühender Rosen in einem Frühlingsgarten.‹

So schön hat das noch keiner gesagt. Aber der erste, der das ausspricht, ist Eugen Drewermann nicht. Lange vor ihm hat Johannes Chrysostomus (344–407), der grösste Kirchenvater des Ostens, die zöliba-

täre Szene in Konstantinopel verblüffend ähnlich
erlebt wie heute Eugen Drewermann das Pfarrge-
meindeleben in Paderborn: als einen betörenden
Frühlingsgarten voll duftender, blühender Rosen.

›Ehe oder Unzucht‹, schreibt Johannes Chrysostomus, das sei die trostlose Alternative gewesen, die
›unsere Väter‹ gekannt hätten, und meint damit die
alten heidnischen Machos. Jetzt aber, mit dem Christentum, sei eine neue Form der Liebe zwischen
Mann und Frau nach Konstantinopel gekommen,
nämlich die Liebe im Zölibat. Die Stadt sei voll von
christlichen Paaren, die einander in Liebe verbunden
seien, aber dennoch gegenseitig ›ihre Keuschheit
achten‹. ›Dass darin wirklich ein Vergnügen liegt, das
eine Liebe entzündet, die leidenschaftlicher glüht als
die eheliche Vereinigung, mag euch aufs erste über-
raschen‹, schreibt der grosse Lehrer des Ostens.
›Aber ihr werdet mir zustimmen, wenn ich jetzt dafür die Beweise liefere.‹

Der Reihe nach liefert der heilige Johannes Chrysostomus folgende Beweise: Die allzu leichte sexuelle Befriedigung in der Ehe endet oft in ›schnellem
Überdruss‹. Am meisten leidet unter dem ehelichen
Sexualbetrieb die Frau: Beischlaf, Schwangerschaft,
Geburt, zu schweigen von all den Leiden und Äng-
sten der Kindererziehung, ›zerstören die Jugend und
stumpfen die Lust ab‹. Eine Christin dagegen, die das
Gelübde der Keuschheit abgelegt hat, bleibt frei von
diesen strapaziösen Belastungen. Das kommt vor allem ihrer Schönheit zugute. Jene jugendliche Frische,
die das allzu heiratslustige heidnische Mädchen früh
verliert, bewahrt die keusche Christin ›noch mit vier-

zig‹. Und wie die Christin in der Jungfräulichkeit erblüht, so auch ihr christlicher Freund in der zölibatären Erotik: ›Doppelt stark‹, schreibt Chrysostomus, ›brennt die Leidenschaft im Herzen dessen, der ihr Gefährte ist; nie löscht die Befriedigung des Triebs die helle Flamme, die, im Gegenteil, immer mächtiger lodert.‹

Johannes Chrysostomus hat im 4. Jahrhundert gelebt. Das ist das katholische Jahrhundert. Alles, was heute noch unserer Kirche Charakter gibt, stammt aus dieser Zeit. Auch der katholische Zölibat. Männer und Frauen einander zu entfremden, das war, die Schilderung des Johannes Chrysostomus beweist es überdeutlich, von Anfang an sein Zweck nicht. Das schiere Gegenteil ist wahr. Einander entfremdet hatte die beiden Geschlechter die stumpfsinnige Sexualität ›unserer Väter‹ (Chrysostomus). Jetzt, im 4. Jahrhundert, gingen in den grossen Städten rund ums Mittelmeer die beiden Geschlechter neu aufeinander zu in einem Experiment, das ebenso kühn war wie genuin menschlich: im Zölibat.

Es unterscheidet ja den Menschen vom Tier, dass er in der Sexualität experimentiert. Nach den unmenschlichen Zwängen, die Patriarchat und Pornokratie über beide Geschlechter gebracht hatten, war am Ende der Antike die Zeit reif für das Experiment der Experimente: dass Mann und Frau sich, in gemeinsamem Beschluss, für eine neue, unerhört freie Form der Liebe entscheiden – für eine Erotik ohne Sexualität.

In Antiochien, in Rom, in Alexandrien, überall war die grossstädtische Keuschheits-Szene die gleiche wie in Konstantinopel. In manchen Städten Ägyptens, berichtet Rufin von Aquileja, habe die neue Szene zölibatär verliebter Christinnen und Christen das öffentliche Leben staunenswert neu geprägt. Als Beispiel führt er die mittelägyptische Stadt Oxyrrhynchos an. Dort, schreibt Rufin, herrsche ein derartiges Gedränge von zölibatären Männern und Frauen, dass die Stadtmauern mehrfach erweitert werden mussten: ›Es gibt da keine Tür, keinen Turm, keinen Winkel mehr ohne Zölibatäre.‹ Sogar vor den Toren der Stadt lagerten die Anhänger der neuen Keuschheit zu Tausenden. Dabei seien die zölibatären Frauen deutlich in der Mehrzahl: ›Die Stadt zählt zwanzigtausend Jungfrauen und zehntausend zölibatäre Männer.‹

Trennung von Mann und Frau? Das Gegenteil. Was wir heute unter Erotik verstehen, nämlich die gleichberechtigte, persönliche, leidenschaftliche und romantische Liebesbeziehung zwischen Mann und Frau, ist, historisch nachweisbar, überhaupt erst entstanden in dieser grossstädtischen Zölibats-Szene des 4. Jahrhunderts. Und wie er hervorgegangen ist aus einem erotischen Experiment der späten Antike, so wird der Zölibat in seiner ganzen weiteren Geschichte von Erotik immer weiter nur so knistern. Die Acta Sanctorum zum Beispiel, die riesige Quellensammlung zur Heiligen-Geschichte, schreibt Havelock Ellis in seiner ›Psychology of Sex‹, läsen sich wie eine einzige Einführung in die Erotik: ›The most charming, and, we may be sure, the most popular literature of the early Church lay in the innumerable romances of erotic chastity.‹

›Erotische Keuschheit‹: Was das ist und was sie unterscheidet vom abgewirtschafteten Sex ›unserer Väter‹, lässt sich am besten an einem Fall zeigen, wie er, auf den ersten Blick, nicht ungünstiger sein könnte. Das ist der Zwangszölibat. Der Ausdruck wird heute polemisch missbraucht von Leuten, die besser den Mund halten würden, weil sie selber in Zwangsfamilien – es gibt nur Zwangsfamilien – leben. Und doch ist es eine Tatsache, dass es in der Kirchengeschichte schlimme Fälle von Zwangszölibat gegeben hat. Nehmen wir den schlimmsten.

An einem schönen Frühlingsmorgen des Jahres 1119 versammelte sich eine johlende Menschenmenge unter einem Fenster in Paris. Dahinter lag, sich in Schmerzen windend, der grösste Theologe des Jahrhunderts: Petrus Abälard. Ihm war etwas passiert. In sein Schlafzimmer waren nächtens Leute eingestiegen und hatten ihm, wie er das selber schmerzlich formulierte, ›jenes Glied abgeschnitten, mit dem ich gesündigt hatte‹.

Der grösste Theologe des Jahrhunderts im Zwangszölibat. Warum fand ganz Paris das so witzig? Weil Abälard selber zuvor nichts als Witze über den Zölibat gerissen hatte. Er sei, so hatte er sich vor seinen Schülern gerühmt, nicht nur der grösste Theologe, sondern auch der grösste Liebhaber aller Zeiten. Ihm allein könne es gelingen, die keuscheste Jungfrau von Paris zu verführen.

Das war die schöne Heloise. Wie es ihm gelang, sich bei ihr einzuschleichen, sie zu betören, sie zu verführen, das hat Abälard alles höchst lustig geschildert. Am lustigsten fand er, dass es ihm gelang,

sie zu schwängern. Und er taufte seinen im Zölibat **63**
gezeugten Sohn ›Astrolabius‹. Das heisst auf deutsch
›Sternschnüppchen‹. Wie lustig.

Heloise selbst hat die ›Sternschnüppchen‹-Affäre
nicht als lustig erlebt. Wie irgendein dummes, uner-
fahrenes Mädchen habe er sie verführt, ohne Liebe,
ja ohne wirkliche Leidenschaft, aus männlicher
Wichtigtuerei, wirft sie ihm in einem ihrer Briefe vor.
Weit peinlicher noch liest sich das zölibatäre Liebes-
abenteuer bei ihm selber. Da rühmt er sich seiner sexuellen ›gloria‹, bezeichnet Heloise gar als ›occasio‹.
In der lingua Parisiensis, dem Pariser Spätlatein, hatte dieses Wort bereits denselben billigen Beige-
schmack wie heute das französische ›occasion‹. Eine
›gute Gelegenheit‹ war Heloise für Abälard, ein sexuelles ›Schnäppchen‹.

Ein alter Macho macht sich wichtig auf Kosten
einer unerfahrenen jungen Frau. Es ist die alte, trau-
rige, banale Geschichte. Mit keinem Wort wäre sie
erzählenswert, hätte nicht jetzt die Göttliche Vorsehung schicksalhaft zugeschlagen. Um Abälard seine
›Sternschnüppchen‹-Heldentat heimzuzahlen, steigt
Heloisens Oheim, der Erzpriester Fulbert, nachts bei
Professor Abälard ein und führt den sexistischen
Wichtigtuer, mit dem grossen Metzgermesser, über
in den Zwangszölibat.

So wäre denn jetzt alles aus. Es müsste alles aus
sein, wenn jene recht hätten, die heute, so selbstverständlich, ›Sex‹ als das ›Eigentliche‹ zwischen Mann
und Frau betrachten. Aber das ist Lüge. Nicht einmal
unter Tieren ist Sex das Eigentliche. Viel weniger
noch unter Menschen. So eng begrenzt die sexuellen

Fähigkeiten des Menschen sind, so grenzenlos ist seine Fähigkeit zu lieben. Im Augenblick, wo die blödsinnige Sex-Affäre zwischen Abälard und Heloise ein grausames Ende findet, entbrennt zwischen den beiden das Feuer einer masslosen Liebe. Zwischen Abälard und Heloise beginnt das Abenteuer der ›erotic chastity‹.

Abälard wird, ›ob der grossen Schande‹, Mönch. Sie, noch immer die schönste Frau von Paris, wird Nonne. Nicht weil sie Gott liebt. ›Ich habe dafür keinen Lohn von Gott zu erwarten‹, schreibt sie, ›denn ich habe es überhaupt nicht aus Liebe zu Gott getan.‹ Nur um ihm verbunden zu sein, einem Mann, der sie missbraucht hat, über den sie sich keine Illusionen macht, wird sie jetzt Nonne. So leidenschaftlich liebt die Missbrauchte den Entmannten. Sie wird ihn lieben bis zum Tod.

Es mag so etwas geben wie ›Platonische Liebe‹. So etwas schwächlich, fad Vergeistigtes zwischen Mann und Frau. Halt so etwas Uneigentliches, das die Sexisten nur bestätigt in ihrem grinsenden Vorurteil, ›Fikken‹ sei ›das Eigentliche‹.

›Erotische Keuschheit‹ ist etwas radikal anderes als Platonische Liebe. ›Erotische Keuschheit‹ ist ein Empfinden von solcher Weite, Ursprünglichkeit und Wucht, dass im Vergleich damit Sex, nach dem treffenden Wort von Andy Warhol, nichts anderes ist als ›dummes Zeug für kleine Kinder‹.

›Usque ad Vulcania loca‹, schreibt Heloise an Abälard, ›bis in die tiefste Hölle‹ würde sie hinabsteigen, um sein zölibatäres Schicksal zu teilen, ja sie würde, fügt sie in einer überraschenden Wendung

hinzu, dem Geliebten ›in die Hölle vorausgehen‹.
Und da sie um der Liebe willen zur Höllenfahrt bereit ist, reisst die Nonne Heloise im selben Atemzug gleich auch noch das ganze verlogene Biedermeier der christlichen Familienmoral in Fetzen: ›In dem Wort Gattin hören andere vielleicht das Hehre, das Dauernde‹, schreibt die Nonne dem Mönch, ihr selber aber sei es ›der Inbegriff aller Süsse, Deine Geliebte genannt zu werden, ja – bitte zürne nicht! – Deine Beischläferin, Deine Dirne.‹

Die Briefe, die Abälard und Heloise einander im Zwangszölibat geschrieben haben, sind die schönsten, die leidenschaftlichsten Liebesbriefe der Menschheit. In ihrer verwegenen Wortwahl zeigen sie auch, in welchem Masse der Zölibat im Mittelalter das bleibt, was er im 4. Jahrhundert war: eine Revolte gegen die sexistische Spiesserei der Ehe, in aller Keuschheit der ›Hurerei‹ näher verwandt als der ›christlichen Familie‹.

Kaum sind die Flammen der ›erotic chastity‹ in Paris verglüht, da lodern sie, genau so leidenschaftlich, in Assisi auf. Wie die heilige Clara – mit 18 das schönste Mädchen von Umbrien – eine fabelhafte Partie nach der andern ausschlug, weil ihr Herz einem 25jährigen Aussteiger gehörte, von dem sexuell in alle Ewigkeit nichts zu erwarten war und den in Assisi alle nur für einen frommen Spinner hielten; wie Clara um Mitternacht, allen Todesdrohungen trotzend, aus ihrem Vaterhaus floh, hinab zu ihm, hinab in die Wildnis von Santa Maria degli Angeli; wie sie dort im nächtlichen Schein der Fackeln, im Kreis der Armen und der Aussätzigen, in seine

Hände ewige Keuschheit schwor; dies ist eine Liebesgeschichte schöner und kräftiger als die von Romeo und Julia. Aber ist nicht auch die Geschichte von Romeo und Julia nur deshalb so kräftig und schön, weil sie eine Geschichte der versagten Liebe ist?

Kaum sind die Flammen in Assisi erloschen, da lodert, ungleich heller, ungleich mächtiger noch, das karmelitanische Feuer der ›Spanischen Mystik‹ hoch. Warum lodert sie so gewaltig, die ›Lebendige Liebesflamme‹ des heiligen Johannes vom Kreuz? ›Es ist unmöglich‹, schreibt die heilige Theresia von Avila, ›mit Juan de la Cruz über Gott zu sprechen, ohne dass er sofort in Ekstase fällt und ich mit ihm.‹

Wieder wird in der Spanischen Mystik offenbar, dass der Zölibat wesenhaft ein Aufstand gegen Ehe und Familie ist. Denn dieselbe Theresia von Avila schreibt: ›Welche Gnade, wenn Gott einer Frau die Tyrannei eines Ehemanns erspart. Sehr oft richtet er ihren Körper zugrunde. Und manchmal auch die Seele.‹

Bei so viel keuscher Liebe zwischen so vielen Mönchen und Nonnen ist es nicht unwichtig, daran zu erinnern, dass der Zölibat in seiner klassischen antiken Blüte zwar eine Sache des Gelübdes war, trotzdem aber nicht von feudalen Standesvorstellungen geprägt, sondern von einem urbanen Lifestyle. So verwundert es nicht, dass die Renaissance mit der Antike auch die keusche Liebe in ihrer spätantiken Ursprünglichkeit wiederentdeckt: ›Ein neues Lied der Liebe will ich singen …‹

›Io canterei d'amor si novamente,
Ch'al duro fianco il dì mille sospiri
Trarrei per forza, e mille altri desiri
Raccenderai nella gelata mente.‹

›… und tausend brennende Begierden
Will wecken ich in der erfrorenen Seele‹

Francesco Petrarca. Vollkommen in der Leidenschaft, vollkommen in der Form sind seine achtzig ›Sonette an Laura‹. Es sind die schönsten Liebesgedichte der Menschheit. Ähnlich wie die Briefe zwischen Abälard und Heloise sind auch Petrarcas Sonette, selbstverständlich, im Zölibat entstanden.

Francesco und Laura: An der Kirchtür von Sancta Clara in Avignon haben die beiden einander am 6. April 1327 einen Augenblick geschaut. Keine Berührung, nur ein Augen-Blick. Und alles andere war erotische Keuschheit, wie sie schöner, leidenschaftlicher nicht sein kann: ›Pur mi darà tanta baldanza amore.‹

Laura und Francesco. Was konnte nach diesen beiden in der Geschichte der ›erotic chastity‹ noch kommen? Konnte überhaupt noch etwas kommen?

Nur eines noch:

›Anhauch des nächtlichen Weltraums
Verharrt vor umfriedetem Pferch.
Dunkle Vögel voller Anruf werfen mächtig
Sich in die Stauung um die ausgesparte Insel.‹

Das ist nicht Petrarca. Das ist Luise Rinser. Und die ›ausgesparte Insel‹ im ›umfriedeten Pferch‹ mitten in der ›Stauung‹, das ist nicht Laura, sondern Karl Rahner. Vom Erhabenen zum Lächerlichen, von Petrarca zu Luise Rinser ist nur ein Schritt.

Dabei hatte es so schön angefangen. Da war, im prosaischen Wirtschaftswunder-Land, ein Professor, den der Jesuitenorden gerade, mit ungeheurem Werbeaufwand, zum grössten Theologen aller Zeiten hochgerühmt hatte. Der ein unlesbares (und somit allgemein bewundertes) Buch nach dem andern schrieb, eine Honorarprofessur nach der andern entgegennahm, und der doch Zeit fand, seiner angebeteten Luise 2203 Liebesbriefe zu schreiben (›Fisch‹ an ›Wuschel‹). Wo ist so etwas möglich, wenn nicht im Zölibat?

›Jungfräulich‹ schenke sie sich ihm, schreibt ›Wuschel‹ an ›Fisch‹, genauer gesagt (sie sagt es wirklich so): ›schon wieder jungfräulich‹. ›Wag's!‹ ruft sie ihm jungfräulich zu. Und noch jungfräulicher: ›Wenn nötig, mit männlicher Gewalt.‹ Von einem blauen Sofa schwärmt sie. ›Nach all der Askese soll Dich der Reichtum des Lebens anfallen wie – nein, nicht wie ein schöner Tiger, nein, eher wie ein Regen von Licht, Blüten, Musik, ein Wasserfall.‹

Zölibat als Wasserfall. Luise Rinser und Karl Rahner haben das, in den Sitzungspausen des Zweiten Vatikanischen Konzils, mitten in Rom, unter den Augen des Heiligen Vaters, vorgemacht. Wer zählt die vielen kleinen deutschen Pfarrer, Kapläne, Patres, die den Rahnerschen Wasserfall inzwischen, in den Armen ihrer postkonziliaren Seelenfreundinnen, nachmachen? Den Rahnerschen Wasserfall im Drewermannschen Rosengarten: ›Gewiss, im Sinne der

kirchlichen Moraltheologie geschieht hier Ehebruch
und Zölibatsverletzung, und doch sind solche Begegnungen im Niemandsland der Liebe von einer oft
poetischen Sensibilität und Zärtlichkeit, schwebend
und leicht wie der Duft erblühender Rosen in einem
Frühlingsgarten.‹

Wo Kunst ist, da droht Kitsch. Wo erotische
Keuschheit ist, da droht Eugen Drewermanns Paderborner Frühlingsgarten. Karl Rahners römischer
Wasserfall droht. Das heisst: Die erotische Keuschheit kippt leicht in eine besonders morbide Form von
sexuellem Kitsch. Schon Johannes Chrysostomus hat
das in Konstantinopel beobachtet. Beschwörend
warnt er vor den ›συνεισάκτοι‹ als der schlimmsten
Gefahr für den Zölibat. Beschwörend warnt in Rom
der heilige Hieronymus vor den ›virgines subintroductae‹.

So gut als möglich aus dem spätgriechischen und
spätlateinischen Slang übersetzt: Ein ›syneisaktos‹ ist
ein ›eingeschmuggelter Mann‹, eine ›virgo subintroducta‹ ist eine ›eingeschmuggelte Jungfrau‹. Das
klassische Stichwort meint eine frühe und fatale Fehlentwicklung des Zölibats. Zuerst, wir haben es schon
gesehen, leisteten sich sehr reiche Christinnen einen
zölibatären Mann als Hauskaplan, etwa so, wie sich
die heilige Paula den heiligen Hieronymus leistete.
Doch alsbald demokratisierte sich dieses System auf
perverse Weise. Unter dem Vorwand, sich in der
Keuschheit gegenseitig stärken zu wollen, zogen
nämlich, in Rom, in Alexandrien, in Antiochien, in
Lyon, in Karthago, in Konstantinopel, zahllose christliche Paare, Mann und Frau, zusammen in dieselbe

Wohnung. Dann ins selbe Schlafzimmer. Dann ins selbe Bett. Und wenn sie einer fragte, was das denn solle, berichtet der heilige Hieronymus in einem Brief an Eustochium, die Tochter der heiligen Paula, so bekomme man die freche Antwort, dies sei die höchstmögliche Stufe des Zölibats: zusammen Keuschheit geloben, zusammen keusch im selben Bett liegen, alle nur denkbaren Zärtlichkeiten austauschen, aber das eine, nein dieses eine, allerletzte nicht.

Kunst und Kitsch sind zwei völlig verschiedene Dinge. Und doch kippt Kunst ganz leicht in Kitsch. Genauso leicht kippt die schönste erotische Keuschheit in den morbidesten Sex. Kaum hatten sich die ›Syneisakten‹ beieinander eingeschmuggelt, wurde der Zölibat rund ums Mittelmeer zum scheinheiligen Vorwand für die denkbar raffinierteste Methode des lüsternen Umkreisens der Unkeuschheit.

Genau wie heute im Erzbistum Paderborn. Und nicht nur da. In allen deutschen Bistümern scheint es wieder so syneisaktisch zuzugehen wie auf dem ›blauen Sofa‹ zwischen Luise Rinser und Karl Rahner. Es geht zu wie in den Kleinanzeigen von ›Publik-Forum‹:

Aufgeschlossener katholischer Priester zum
Gedankenaustausch
von sensibler kath. Christin, vielseitig interessiert
(Religion, Musik, Literatur), gesucht. Ich freue
mich auf jede Zuschrift. Chiffre 019551.

Unsere kirchengeschichtlich geschulte Spürnase riecht es augenblicklich: Da schmuggelt sich eine

›virgo subintroducta‹ ein! Ein ›Skandal‹ sei das mit
den ›συνεισάκτοι‹, predigt in Konstantinopel der heilige Johannes Chrysostomus. Es sei eine ›Pest‹ mit
den ›virgines subintroductae‹, predigt in Rom der
heilige Hieronymus. Und er beschimpft die ›einge-
schmuggelten Jungfrauen‹ als ›Konkubinen‹, als
›Huren‹. Warum haben Chrysostomus und Hieronymus so getobt?

Ja Gott, muss man denn ein Kirchenvater sein, um
sich vorstellen zu können, was passiert, wenn zwei
die ganze Nacht, zärtlich umschlungen, gemeinsam
die höchstmögliche Form des Zölibats üben? So wenig wie die Ehe monogam macht, so wenig macht der
Zölibat impotent. Im Gegenteil: ›Celibacy is the op-
posite of impotence‹, schreibt die berühmte amerikanische Sexualforscherin Gabrielle Brown. Dass zölibatäre Männer in aller Regel viel potenter sind als
Ehemänner, erklärt sie mit dem Staudamm-Prinzip.
Und sie zitiert ihre Kollegin Elisabeth Haich, nach
deren Forschungen der Zölibat sogar, ebenfalls nach
dem Staudamm-Prinzip, ›die Quelle allerhöchster
Potenz‹ ist. Das aber heisst: Wenn der allerhöchste
Staudamm bricht, dann ist das mehr als ein Wasserfall; es ist eine Sündflut.

Auch ein Christ und eine Christin seien schliesslich ›nicht zwei Steine‹, warnt in seinem Traktat
›Gegen jene, die Jungfrauen ins Haus nehmen‹ der
heilige Johannes Chrysostomus. Und wenn der
grosse Lehrer des Ostens ständig das Wort ›Skandal‹ im Mund führt, dann meint er damit nicht einmal so sehr, was die beiden da im zölibatären Käm-
merlein als höchstmögliche Form der Keuschheit

treiben, sondern was, leider Gottes, die Folge davon ist.

Astrolabius! Wo die ›virgines subintroductae‹ sind, da fallen die ›Sternschnüppchen‹ nur so vom zölibatären Himmel. Das war damals der Skandal in Konstantinopel. Das ist heute der Skandal in Paderborn. Wenn auch nur die Hälfte von dem stimmt, was der ›Initiativkreis vom Zölibat betroffener Frauen‹ aus Paderborn zu berichten weiss, ist es ein einziger ›Skandal‹ (Johannes Chrysostomus).

Was tun? Gut drei Jahrhunderte hat die Katholische Kirche in der späten Antike gebraucht, um mit den ›virgines subintroductae‹ fertigzuwerden. Vermutlich werden wir jetzt wieder genauso lange brauchen. Das heisst, dass es kurzfristig nur eine Lösung gibt: die richtige Versicherung abschliessen.

Wie die kanadische Zeitung ›Le Soleil‹ am 4. Januar 1997 meldete, bietet Nordamerikas bedeutendste kirchliche Versicherungsgruppe, der ›Ecclesiastical Insurance Service‹, ab sofort eine Art ›Sternschnüppchen-Versicherung‹ an, nämlich eine ›Risiko- und Haftpflicht-Versicherung‹ gegen zölibatäre Dummheiten jeder Art. Eine solche Versicherung, erklärte Versicherungsdirektor Bill Brackles vor der Presse in der stockkatholischen Bischofsstadt Québéc, sei inzwischen ›nötiger als der Schutz gegen Brand und Diebstahl‹.

Noch zögert die evangelische ›Bruderhilfe‹, bei der die meisten katholischen Geistlichen in Deutschland versichert sind, mit einem entsprechenden Angebot. Im Zeichen der globalisierten Konkurrenz auf dem kirchlichen Versicherungsmarkt wird sich die

›Bruderhilfe‹ aber nicht mehr lange aus der ökumenischen Verantwortung stehlen können.

Und ich sehe ihn vor mir, den hoffnungsvollen Kaplan aus dem Erzbistum Paderborn. Vielleicht war er ein bisschen zu lange bei Eugen Drewermann in Behandlung. Vielleicht hat er zu viel Karl Rahner gelesen, zu viel Luise Rinser. Vielleicht ist er auch nur auf eine Kleinanzeige in ›Publik-Forum‹ hereingefallen. Auf jeden Fall: Es ist, syneisaktisch, passiert.

Jetzt steigt er, den Kopf tief zwischen die Schultern eingezogen, die Treppen hoch bis ins innerste Heiligtum westfälischer Kirchenmacht. Wie lange man ihn hat warten lassen im Vorzimmer? Er ist nur noch ein ganz armes Würstchen, als man ihn endlich hereinlässt: ›Herr Generalvikar, mir ist da etwas ganz Dummes passiert.‹

Doch merkwürdig, der Generalvikar lässt ihn gar nicht ausreden. ›Ich weiss‹, sagt er mit begütigendem Lächeln, ›ich weiss, schon wieder ein Paderborner Sternschnüppchen.‹ Er schüttelt den weisshaarigen Kopf: ›Füllen Sie bitte dieses Formular aus, damit wir es der Versicherung nach Amerika melden können.‹ Dann, mit der einen Hand schon wieder in den Akten blätternd, hebt der greise Generalvikar die andere Hand zum Segen. Und er spricht die Worte, die in solchen Fällen Er selbst zu sprechen pflegte, Er, der sanftmütig war und demütig von Herzen: ›Dir wird viel verziehen, mein Sohn, denn du hast viel geliebt.‹

Lukas, 7. Kapitel, 47. Vers.

5. *Argument*
Zölibat macht glücklich.

76 Kein Wort führen die Gegner des Zölibats so gern im Munde wie das vom ›wirklichen Leben‹. Eben diese ›Wirklichkeit des Lebens‹, und zwar gerade die sinnliche, hat keiner so scharfsinnig beobachtet wie Montaigne, der französische Philosoph. Und doch hat keiner auch so beschwörend wie er die Abschaffer seiner Zeit davor gewarnt, die bestehende Ordnung in der Katholischen Kirche leichthin abzuschaffen. Wer so etwas im Schilde führe, schreibt Montaigne in seinen ›Essais‹, der müsse mehr vorbringen als nur die Klage, die bestehende kirchliche Institution sei voller Schwächen. Eine Institution, die nicht voller Schwächen wäre, gibt es auf Erden nicht. Der Abschaffer, so fordert Montaigne, schulde vielmehr der Menschheit den Beweis, dass das, was nachher kommt, nicht noch schlechter sei.

Was kommt nachher, wenn der Zölibat einmal abgeschafft ist?

Unverzeihlich, wie die Gegner des Zölibats, sonst weiss Gott redselig, Montaignes klassische Warnung wortlos in den Wind schlagen. Bedarf es doch nicht des geringsten prophetischen Talents, um das, was jetzt los ist im katholischen Pfarrhaus, mit dem, was nachher los sein wird, konkret und kritisch zu vergleichen.

Was nachher kommen wird, ist das evangelische Pfarrhaus.

Dank sei deshalb jenen evangelischen Schwestern und Brüdern, die, stellvertretend für unsere katholische Kopflosigkeit, die menschliche Wirklichkeit im evangelischen Pfarrhaus erforscht und analysiert haben. Ausdrücklich an jene katholischen Geistlichen

gewandt, die sich heute vom Ende des Zölibats ein
Ende aller Sorgen versprechen, hebt Robert Leuenberger den ökumenischen Warnfinger: ›Auch die Ehe
ist, wie der Zölibat, ein Joch.‹

Vielleicht sogar das strengere Joch. In der sonst
eher beschaulichen ›Bernischen Kirchengeschichte‹
von Karl Guggisberg gibt es ein aufregendes Kapitel.
Es geht da um die Abschaffung des Zölibats im Bern
der Reformation. Kaum nämlich hatte sich die Berner
Geistlichkeit über die neue Freiheit gefreut, blieb ihr
der Jubel schon im Halse stecken. Jetzt, wo jeder Pfarrer heiraten dürfe, so verfügten streng die Gnädigen
Herren von Bern, gebe es keinen Grund mehr, bei der
Kontrolle des geistlichen Lebenswandels nach alter
papistischer Art ein Auge zuzudrücken. Wer sich
künftig noch als verheirateter Pfarrer in bernischen
Landen bei irgendwelcher ›Hurerei‹ ertappen lasse,
verliere fristlos sein Amt.

An ökumenischen Stammtischen wird manchmal
gewitzelt, kein Bischof kontrolliere das Sexualleben
eines katholischen Priesters so streng wie die Pfarr-
frau das Sexualleben ihres evangelischen Ehemanns
und Pfarrherrn. Das ist sexistisches Geschwätz!
Zweifellos geniesst der evangelische Pfarrer in seiner
persönlichen Lebensführung viel weniger Freiheiten
als der katholische. Doch seine Ehefrau ist daran so
wenig schuld wie die Berner Polizei. Dafür sorgt ein
ungleich schärferes Kontrollorgan.

Das Wort ›Laie‹ kommt aus der Katholischen Kirche. Rund um ihren Pfarrer besteht die katholische
Gemeinde aus lauter Laien. Laien vor allem in Sachen Zölibat. Was der Pfarrer wohl alles tut und lässt,

wenn er zum Beispiel so regelmässig wegfährt in den ›Montagszölibat‹, darüber stellen die Laien um ihn herum mancherlei Vermutungen an. Letzten Endes aber trauen sie sich doch kein Urteil zu. Der Priester ist der ganz andere. Wir sind nur Laien.

In der evangelischen Gemeinde gibt es keine Laien. Die evangelische Gemeinde besteht aus lauter Experten. Wer keine eigene Familie gegründet hat, der ist doch aufgewachsen in einer Familie. Sei es die alte grosse Volksgemeinde, sei es, schlimmer noch, die geschrumpfte Kerngemeinde, die ganze Gemeinde besteht aus lauter Experten fürs Familienleben.

Der Zölibat mag ein Joch sein. Doch dieses Joch ist erträglich. Die Ehe ist auch ein Joch. Auch dieses Joch ist erträglich. Unerträglich aber ist das Joch der Familie eines verheirateten Pfarrers. Mitten in der Gemeinde, unter dem Expertenblick aller, muss sie die *vorbildliche* Familie sein.

Ehepaare, die tödlich aneinander leiden, Kinder und Eltern, die einander qualvoll missverstehen, nichts anderes, gesteht der schwedische Regisseur Ingmar Bergman, habe er in seinen Filmen auf die Leinwand gebannt als den Albtraum einer Kindheit im evangelischen Pfarrhaus: ›Heute verstehe ich die Verzweiflung meiner Eltern. Eine Pastorenfamilie lebt wie auf dem Präsentierteller, allen Einblicken völlig preisgegeben. Das Haus muss immer offenstehen. Kritik und Kommentar der Gemeinde hören nie auf. Sowohl Vater wie Mutter waren Perfektionisten, die diesem unerträglichen Druck ganz sicher nicht gewachsen waren.‹

Ihr Kind noch weniger. Das einzige Mittel, sich in

der real existierenden Pfarrfamilie zu behaupten, war die Lüge: ›Fast so kühl und berechnend wie Molières Don Juan entschloss ich mich‹, gesteht Bergman, ›ein Heuchler zu werden.‹ Er hatte nicht damit gerechnet, dass sein Vater, der Pfarrer und Ehemann, im Lügen viel erfahrener war als er und ihn deshalb leicht durchschauen würde. So folgten auf immer neue Verhöre immer neue Geständnisse und immer neue Strafen: Schläge mit dem Teppichklopfer, Essensverbot, Stubenarrest, Strafarbeiten, Verbannung ins Bett, Blossstellung vor allem vor der aufmerksam alles miterlebenden Gemeinde: ›Wenn Ernst Ingmar in die Hosen machte, was nur allzu oft und allzu leicht passierte, musste er für den Rest des Tages einen knielangen, roten Rock tragen.‹

Die sexuelle Selbstverwirklichung im evangelischen Pfarrhaus? Bergman spricht von der Onanie als einem ›entsetzlichen Geheimnis‹: ›In der Nacht vor meinem ersten Abendmahl versuchte ich mit aller Macht, meinen Dämon zu bekämpfen. Ich schlug mich bis zum frühen Morgen mit ihm herum, verlor den Kampf aber. Jesus strafte mich mit einem riesigen Pickel mitten auf meiner bleichen Stirn.‹

Schlimmer noch als Jesus war das Monstrum im Kleiderschrank des evangelischen Pfarrhauses, das schuldig gewordenen Kindern die Zehen abfrass: ›Ich konnte deutlich hören, dass sich da drinnen im Dunkeln etwas bewegte. Mein Entsetzen war total. Ich weiss nicht mehr, was ich unternahm. Vermutlich kletterte ich auf Regale und hängte mich an Haken auf, damit mir die Zehen nicht aufgefressen wurden.‹

Solches geschah in den Kleiderschränken einer Konfession, die sich doch sonst von uns Katholiken dadurch angenehm unterscheidet, dass sie etwas weniger spinnt. Was hätte der Knabe Ingmar erst gelitten, wenn sein Vater katholischer Pfarrer gewesen wäre und somit auch im väterlichen Kleiderschrank unter allen Messgewändern die Monstren der katholischen Familienmystik gelauert hätten? Verglichen mit unserem blühenden Kult der *Heiligen Familie* ist die evangelische Zwangsvorstellung von der *vorbildlichen christlichen Familie* doch fast etwas Normales.

Lessing, Wieland, Schelling, Mommsen, Burckhardt, Nietzsche, Dürrenmatt – gern wird behauptet, die neurotischen Zustände in der evangelischen Pfarrfamilie seien doch wenigstens geniefördernd. Ingmar Bergman widerspricht auch dem. Die seelische Verkrüppelung im Pfarrhaus, schreibt er in ›Mein Leben‹, habe ihn auch in seiner künstlerischen Kreativität nur beschädigt. Immerhin hat es ihm Erleichterung verschafft, der ganzen Menschheit den Albtraum einer Kindheit im Pfarrhaus in immer neuen Variationen im Kino vorzuspielen.

Dem ganz gewöhnlichen evangelischen Pfarrer bleibt dieser Trost versagt. Wenn er heute unter der Doppelbelastung scheitert, Seelsorger vieler Frauen zu sein und zugleich einziger Seelsorger seiner Frau, erfahren wir das morgen nicht im Kino. Vielleicht entgeht es sogar den aufmerksamen Blicken der Gemeinde. In der Einsamkeit seines namenlosen Schicksals leidet er um so unglücklicher.

Schlimm ist, dass seine Frau und seine Kinder mit ihm leiden müssen. Kein geringerer als der grosse evangelische Arzt und Eheberater Theodor Bovet hat es schon 1960 als ›auffallend‹ bezeichnet, ›wie häufig Pfarrfrauen und Pfarrkinder in der Sprechstunde des Psychotherapeuten sitzen‹.

Der Einwand liegt nahe, dass es jene blühende evangelische Gemeinde, unter der die Pfarrfamilie Bergman so grauenhaft gelitten hat, heute nicht mehr gibt. Aber wer sagt uns denn, dass die geschrumpfte Kerngemeinde, oft als ›engagierte Gemeinde‹ gepriesen, weniger penetrant ist? Das katholische Gemeindeleben blüht auf jeden Fall heute noch fast so ungebrochen wie das evangelische zu Bergmans Zeit.

Und wenn es, wie manche hoffnungsvoll vermuten, in ein paar Jahren überhaupt keine Gemeinde mehr gibt, weder die evangelische noch die katholische? Heisst das, dass der verheiratete Pfarrer dann, mangels Gemeinde, glücklich wird als Ehemann?

Nein. Denn Ingmar Bergman irrt. In erster Linie ist es gar nicht die christliche Gemeinde, die den Pfarrer und seine Familie unglücklich macht. C. G. Jung, der grosse schweizerische Psychoanalytiker, selber Sohn eines evangelischen Pfarrers, hat es nachgewiesen: Das allerschlimmste Unglück bereitet die Pfarrfamilie sich selbst.

Ein religiöser Mensch, gleich welchen Glaubens, ist ein Mensch, der es recht machen will. Viel öfter und eindringlicher als andere stellt er sich die Frage: Mache ich es im Umgang mit meinen Nächsten recht? Kann ich als Vater, als Mutter, als Kind vor meinem Gewissen bestehen, vor meinem Gott? ›Bis zum unbewussten Selbstmorddrang‹, so analysiert

C. G. Jung sich selber, habe er als Pfarrkind unter der Angst gelitten, sich an seinen Eltern zu versündigen. Es war die gleiche Angst, an der, auf ihre Art, seine Eltern litten, und wo sie Trost fanden, da suchte auch der Knabe Carl Gustav Trost: ›Die Welt ist schön, und die Kirche ist schön, und Gott hat das alles erschaffen …‹ Jäh bricht die protestantische Frohrede ab: ›Hier kam ein Loch und ein erstickendes Gefühl. Ich war wie gelähmt und wusste nur: Jetzt nicht weiterdenken! Es kommt etwas Furchtbares, das ich nicht denken will, in dessen Nähe ich überhaupt nicht kommen darf. Warum nicht? Weil du die grösste Sünde begehen würdest. Was ist die grösste Sünde? Mord? Nein, das kann es nicht sein. Die grösste Sünde ist wider den Heiligen Geist, die wird nicht vergeben. Wer sie begeht, ist auf ewig in die Hölle verdammt. Das wäre für meine Eltern doch zu traurig, wenn ihr einziger Sohn, an dem sie so sehr hängen, der ewigen Verdammnis anheimfiele.‹

Nicht anklägerisch wie Ingmar Bergman, in der spröden, den Abstand zu sich selber suchenden Sprache des Psychoanalytikers, schildert C. G. Jung das Unglück im evangelischen Pfarrhaus: ›Es bestanden damals unbestimmte Ängste in der Nacht. Es gingen Dinge um. Immer hörte man das dumpfe Tosen des Rheinfalls, und darum herum lag eine Gefahrenzone. Menschen ertranken, eine Leiche fiel über die Felsen. Auf dem nahen Gottesacker macht der Messmer ein Loch; braun aufgeschüttete Erde. Schwarze feierliche Männer in Gehröcken, mit ungewohnten hohen Hüten und blankgewichsten schwarzen Schuhen bringen sie eine schwarze Kiste.

Mein Vater ist auch dabei im Talar und spricht mit
hallender Stimme. Frauen weinen. Es heisst, man begrabe jemanden in diese Grube hinunter.‹

Soll ich jetzt auch noch den unglücklichen kleinen Friedrich Nietzsche aus dem Gespensterschrank des evangelischen Pfarrhauses hervorzerren? Genügen möge die Frage, die Robert Leuenberger, der ausgezeichnete Kenner der evangelischen Pfarrfamilie, schon vor Jahren gestellt hat: Wie ist es möglich, in diesen ökumenischen Tagen, dass eine ungeheure öffentliche Debatte um den Zölibat des katholischen Priesters tobt, während zu gleicher Zeit um die offenkundige Psychopathologie des evangelischen Pfarrhauses nichts herrscht als unergründlich tiefe mediale Stille?

Wesenhaft gehört es doch zum protestantischen Selbstverständnis, jede eigene Position kritisch zu hinterfragen. Kein einziges Dogma deshalb, das nicht zwischen Protestanten radikal umstritten wäre. Wirklich keines? Dass es gut ist, wenn der Pfarrer heiratet und Kinder hat, dies ist das einzige Dogma, das alle protestantischen Denominationen in ihrem Kirchenverständnis einmütig zusammenhält. Weit fragloser hält es sie zusammen als uns Katholiken der Glaube an die Unfehlbarkeit des Papstes.

Wo ein Tabu ist, da ist Herrschaft. Die Vermutung sei gestattet, dass der deutsche Protestantismus heute von wenigen tausend Familien beherrscht wird, die sich in der kirchlichen und politischen Karriere – im Jargon des Milieus gesagt: auf der ›Evangelischen Himmelsleiter‹ – gegenseitig abstützen und hochheben. Lauter berühmte Namen sind es. Gewiss im

Geist, doch öfter auch im Fleische, sind diese hochangesehenen Familien alle miteinander verschwistert, verschwägert und versippt. Sie riechen alle gleich. Kein Klerus ist das, sondern etwas viel Stabileres. Es ist eine Kaste.

Quer durch alle Kulturen Asiens und Europas ist das so: Wenn Eliten sich durch Eheschliessung stabilisieren, werden sie zur Kaste. Die neuere deutsche Geschichte hat keine Kaste von so ausgeprägtem Profil hervorgebracht wie die evangelische Geistlichkeit.

Natürlich gibt es besonders fortschrittliche evangelische Gemeinden, die stolz sind auf ihre ledige Pfarrerin, auf ihren homosexuellen Pfarrer. Überhaupt war es nie ein Gesetz, dass der evangelische Pfarrer verheiratet sein müsse. Aber es gibt auch kein Gesetz, wonach ein deutscher Konditor verheiratet sein muss. Doch setzt der ganze Betrieb in einer deutschen Konditorei voraus, dass der Konditor heiratet.

Unter diesem Gesichtspunkt muss die evangelische Gemeinde als eine Art geistliche Konditorei bezeichnet werden. Gerade heute, wo sich um jede freiwerdende Pfarrerstelle zahllose Bewerber streiten, läuft schon beim Vorstellungsgespräch im Presbyterium alles ungleich besser, wenn der hoffnungsvolle Kandidat eine Frau mitbringt, die in den Gemeindebetrieb passt.

Dass es neurotische Motive gibt, um katholische Theologie zu studieren, hat sich herumgesprochen. Eine weniger bekannte Tatsache ist, dass es mindestens ebensoviele neurotische Motive gibt, um evangelische Theologie zu studieren. So gerät vielleicht

mancher ins zölibatäre katholische Pfarrhaus, ob- **85**
wohl ihn Mutter Natur eher für die Ehe gemacht hat.
Aber genau so wahr ist, dass mancher im evangelischen Pfarrhaus ins Ehebett gerät, obwohl ihn Mutter Natur, höchst offenkundig, für den Zölibat gemacht hat.

Das beste wäre vielleicht eine ökumenische
Tauschbörse für katholische und evangelische Geistliche. So würden alle glücklich: der an der Ehe leidende evangelische Pfarrer im Zölibat, der am Zölibat leidende katholische Pfarrer in einer vorbildlichen protestantischen Ehe. Für manche vom Streit
um die Sexualmoral zerrüttete katholische Gemeinde dürfte es sogar eine befreiende Erfahrung sein,
den ewig pubertierenden Kaplan einzutauschen gegen eine evangelische Pfarrerin, der es als selbstbe-
wusster, aufgeklärter Frau von vornherein wohl ist
im Zölibat.

Vor *einer* Illusion sei allerdings laut gewarnt: Dass
Mutter Natur einen jungen Theologen für die Ehe
ausgerüstet hat, ist für sich noch keine Gewähr für
eine glückliche Ehe. Er muss auch noch die rechte
finden. Die Auswahl auf dem geistlichen Heirats-
markt aber ist beschränkt.

So ist das eben in einer Kaste: Wer hochsteigen
will auf der ›Evangelischen Himmelsleiter‹, der tut
gut daran, in die eigenen Kreise zu heiraten. Nicht
nur in die Literatur ist das eingegangen, durch viele
Generationen war es wirklich fast die Regel, dass der
junge, aufstrebende Pfarrvikar die ältere Tochter seines kirchlichen Vorgesetzten heiraten musste.

Und ich denke an einen katholischen Freund. An

das kindlich frohe Gesicht eines rheinischen Kaplans, der es gar nicht mehr erwarten kann (›Schatzi, wir dürfen bald heiraten!‹). Wie lang wird sein Gesicht morgen sein, sobald ihm nämlich klar wird, dass ein junger Mann im Erzbistum Köln, um voranzukommen, erst einmal – im Sinne eines Worst-case-Scenarios gesprochen – die sitzengebliebene ältere Tochter von Kardinal Meisner heiraten muss?

Darf's eine Nummer grösser sein? Die Tochter des Papstes wird vielleicht nicht so leicht sitzenbleiben wie die Tochter von Kardinal Meisner. Macht das ihr Schicksal leichter? Was wird morgen los sein im Vatikan, wenn alle Paparazzi der Welt, mit tausend Teleobjektiven, ruhelos lauernd auf Affären und Skandale, ins Schlafzimmer der Papsttochter starren? Wird wirklich alles besser werden in der Katholischen Kirche, wenn morgen Signora Diana, des Papstes Schwiegertochter, in allen Illustrierten auspackt mit den boulimistischen Details ihres gescheiterten Sexuallebens mit des Papstes Sohn?

Prince Charles spricht gern mit Pflanzen. Am meisten interessiert er sich für den Feigenbaum, unter dem Buddha so schön meditierte. Muss man der Erzbischof von Canterbury sein, um sich Sorgen zu machen, wenn so einer, nur auf Grund seiner ›Familienbande‹ (Karl Kraus), morgen Oberhaupt der Kirche und fidei definitor wird?

Der Klerus mag kein Ort sein, wo der Glaube blüht. Wenigstens muss er sich, in jeder Generation, aus dem gläubigen Volk erneuern. Eine Kaste aber ist der Ort, wo der Glaube stirbt. Pfarrer Bergman, Pfarrer Jung, Pfarrer Nietzsche, Pfarrer Dürrenmatt, Pfar-

rer Meinhoff: Sie haben alle ihren Kindern ihre evangelische Bildung vermitteln können. Den evangelischen Glauben nicht. Ist Glaube überhaupt etwas,
was sich zur Vererbung in Familienbanden eignet?

Gerade jene progressiven katholischen Theologen, die über den Zölibat jetzt so verächtlich lächeln,
stimmen alle, mit grosser Selbstverständlichkeit, in
einer Ansicht überein: dass das moderne christliche
Denken mit Kierkegaard beginnt. Warum sehen sie
nicht, dass dieser Neubeginn im Denken seinen ›Sitz
im Leben‹ hatte? Das moderne christliche Denken
beginnt im Jahr 1841 damit, dass Sören Kierkegaard
sich, ganz persönlich, für den Zölibat entscheidet
und, konsequenterweise, die bereits eingegangene
Verlobung mit Regina Olsen wieder löst.

Das war keine Entscheidung gegen Regina. Kierkegaard ist ihr in grösster Achtung verbunden geblieben. Kierkegaards Entscheidung war eine exi-
stentielle Absage nicht an die Frau, sondern an die
protestantische Kaste.

In dänischen und deutschen Pfarrhäusern hatte
Kierkegaard die Lebenswirklichkeit des evangelischen Pfarrers kennengelernt. Mit seinen tausend
Rücksichtnahmen auf bürgerliche Belange war ihm
der verheiratete Pfarrer zum Inbegriff des Spiessers
geworden, ja zum eigentlichen Antityp des Christen:
›Wenn diese unselige indolente Tradition nicht wäre,
dass ein Priester verheiratet sein muss …‹

›Entweder – oder‹: Wie bei Jesus ist auch bei Kierkegaard der Zölibat alles andere als eine Entscheidung von liberaler Beliebigkeit im Sinne von ›ich so,
du anders, ein anderer wieder anders, und alle an-

dern morgen ganz anders‹. In Kierkegaards Tagebüchern erscheint der Zölibat vielmehr als die eigentliche Voraussetzung nicht nur für eine christliche, sondern überhaupt für eine geistige Existenz: ›Der Geist ist just Scham, oder dass der Mensch als Geist bestimmt ist, ist Scham. Das Tier hat keine Scham, und der Bestialische auch nicht; und je weniger Geist, desto weniger Scham.‹ So hat, mitten in Kopenhagen, zwischen allen evangelischen Pfarrhäusern, der Vater des modernen Christentums schamerfüllt das Leben eines katholischen Wüstenvaters geführt.

Es ist jetzt Zeit, zurückzukehren zu Montaignes heilsamer philosophischer Skepsis. Sie möchten doch vor jeder Neuerung dringend überlegen, ob das, was nachher kommt, nicht schlimmer sei. Das ist die erste Warnung, die der französische Philosoph in den ›Essais‹ an die kirchlichen Abschaffer seiner Zeit richtet. Auf der Stelle lässt er dann eine zweite Warnung folgen: Sie möchten sich, noch dringender, beizeiten fragen, ob sie nicht selber die ersten sein werden, die ihre eigenen ›Reformen‹, ganz persönlich, bereuen werden.

In einem bewegenden Brief bekennt Ruth Rehmann, die grosse evangelische Schriftstellerin (›Der Mann auf der Kanzel‹), den heimlichsten, den verbotensten Wunsch, den sie als kleines Mädchen im evangelischen Pfarrhaus gehegt hat: ›Kerzen für den heiligen Antonius kaufen, damit er die verlorene Glaubensunschuld zurückbringt. Um Beichtstühle schleichen, Weihwasser nehmen, Kreuze schlagen, auf Knien rutschen. Unter den Mantel der Gottesmutter kriechen …‹

Und ich denke, noch einmal, an jenen katholischen Freund, den Priester im Erzbistum Köln, der so
zappelig ist vor lauter Hoffnung, der Zölibat werde
bald abgeschafft. Wie wird ihm ein paar Wochen später zumute sein, nachdem er, im Sinne des geschilderten Szenarios, die älteste Tochter von Kardinal
Meisner in sein katholisches Pfarrhaus heimgeführt
hat?

Kerzen wird er kaufen für den heiligen Antonius.
Auf Knien wird er um Beichtstühle rutschen. Unter
den Mantel der Gottesmutter wird er kriechen. Hin-
schleichen wird er zum verratenen Altar des Zölibats, auf tränenüberströmten Lippen, zu spät, ein
Schluchzen der Reue: ›Jesus, Maria, Josef! Das habe
ich nicht gewollt!‹

6. *Argument*
Zölibat ist frech.

›Kann aus Nazareth etwas Gutes kommen?‹ In dieser Frage (Johannes, 1. Kapitel, 46. Vers) waren alle Vorurteile spiessiger Zeitgenossen gegen Jesus einbeschlossen. ›Kann aus Freiburg im Breisgau etwas Gutes kommen?‹ In dieser Frage einbeschlossen sind alle Vorurteile unserer Zeit. Kein Spiessbürger kann sich vorstellen, dass heute aus Freiburg im Breisgau die gleiche freche, revolutionäre Botschaft kommen könnte wie damals aus Nazareth.

Sie kommt. Unter dem harmlos klingenden Titel ›Wochenende im Kloster‹ lud unlängst Herz-Jesu-Pater André Lenz SCJ (Ordenszweck: ›Herz-Jesu-Andacht im Sinne sühnender Genugtuung‹) junge Menschen ab 17 Jahren zu zweitägiger Besinnung ins Herz-Jesu-Kloster in Freiburg ein. Gegenstand der jugendlichen Meditation: ›Der freche Jesus‹. Gleich auf der Einladung hat Pater André die Bibelstelle angegeben, die beispielhaft die Frechheit Jesu bezeugt: ›Was habe ich mit dir zu schaffen, Frau?‹ (Johannes, 2. Kapitel, 4. Vers).

Worte des Herrn. Auf der Hochzeit zu Kana gesprochen. Dass Jesus sie nicht an irgendeine Frau gerichtet hat, sondern an die eigene Mutter, macht die Sache noch viel schlimmer. Maria war ja eine jüdische Mutter. Viel stärker als heute unter Christen war damals bei den Juden die Ehrerbietung des Sohnes für die Mutter unbedingte Pflicht. Im ganzen jüdischen Sprachgebrauch der Zeit Jesu hat der jüdische Jesus-Forscher Schalom Ben-Chorin nach einer Parallele dafür gesucht, dass ein Sohn seine Mutter derart frech anredet; er hat sie nicht gefunden. Fast schlimmer noch ist die Wendung: ›Was habe ich mit

dir zu schaffen?‹ Im Alten Testament (zum Beispiel
Richter, 11. Kapitel, Vers 12) pflegt sie Kriegserklä-
rungen einzuleiten. Was im christlichen Ohr nur
höchst befremdlich klingen mag, wertet der Jude
Ben-Chorin als ›unerhörte Beleidigung‹.

Das war auf der Hochzeit zu Kana. Ein einmaliger
Ausrutscher war es nicht. Noch in der letzten Stunde
am Kreuz verweigert Jesus seiner Mutter die selbst-
verständliche Anrede der Liebe und des Respekts.
Unbegreiflich kalt und schroff sagt er, sie an Johannes
verweisend, nicht ›Mutter‹ zu ihr, sondern: ›Frau,
siehe dein Sohn!‹ (Johannes, 19. Kapitel, Vers 26).

Und wie in Kana und auf Golgatha, so schon in
der allererstenen Szene, die uns über den Umgang Jesu
mit seiner Familie überliefert ist. Auf einer Wallfahrt
nach Jerusalem ist der Zwölfjährige ausgerissen. Maria und Josef, das Schlimmste befürchtend, suchen
ihn drei Tage lang verzweifelt. ›Und da sie ihn sahen,
entsetzten sie sich. Und seine Mutter sprach zu ihm:
Mein Sohn, warum hast du uns das getan? Siehe,
dein Vater und ich haben dich mit Schmerzen gesucht‹ (Lukas, 2. Kapitel, Vers 48).

Statt auch nur seine Scham zu bekunden, wird
der Zwölfjährige erst recht frech: ›Warum habt ihr
mich denn gesucht? Wisset ihr nicht, dass ich in dem
sein muss, was meines Vaters ist?‹ (Lukas, 2. Kapitel,
Vers 48). Hier wird auch noch der heilige Josef belei-
digt, den Maria ja soeben ausdrücklich als Vater Jesu
bezeichnet hat, während der Zwölfjährige, in aller
Frechheit, nur noch eine himmlische Vaterbeziehung
anerkennt.

Marias Reaktion? Lukas blendet sie taktvoll aus.

Ich hoffe, dass Maria das getan hat, was Max Ernst auf jenem Bild gemalt hat, das in den zwanziger Jahren den ›Kölnischen Kunstverein‹ in den Skandal stürzte: ›Die Gottesmutter verhaut das Jesuskind.‹

Leider hat die Methode schon damals nichts gefruchtet. Nach einer Wallfahrt zu Johannes dem Täufer an den Jordan missachtet Jesus die Mahnung, die Johannes an seine Pilger zu richten pflegte, nämlich brav wieder nach Hause zu gehen. Das abenteuerliche Wanderleben, das er jetzt beginnt, erfüllt nicht nur Maria mit mütterlicher Sorge; die ganze Familie findet, es sei Zeit, Jesus seine familiäre Verantwortung handgreiflich klarzumachen. Die Gelegenheit bietet sich, als der verlorene Sohn, überraschend, auf einen Sprung heimkehrt nach Nazareth: ›Als die Seinen das hörten, kamen sie her, um ihn zu packen. Denn sie sagten: Er spinnt‹ (Markus, 3. Kapitel, Vers 21).

Die ›antifamiliäre Haltung‹, so urteilt Schalom Ben-Chorin, ist in allen vier Evangelien der Charakterzug Jesu, der am deutlichsten hervortritt. Auch David Flusser, der Altmeister der Jesusforschung an der Hebräischen Universität in Jerusalem, der sich sonst strikt weigert, die Gestalt Jesu psychologisch zu interpretieren, räumt ein: ›Doch einem psychologischen Faktum im Leben Jesu kann man nicht ausweichen: seiner ablehnenden Haltung gegen die Familie, in die er geboren ward.‹

Jesus der Familienfeind. Jede deutsche Diözese hat inzwischen einen ›Sektenbeauftragten‹. Seine Aufgabe ist es, Eltern beizustehen, deren Kinder in ›Jugendsekten‹ abgehauen sind. Der Sektenbeauftragte selber spricht allerdings nicht mehr von ›Ju-

gendsekten‹, sondern von ›destructive cults‹. Als de-
struktiv gelten die neuen religiösen Gemeinschaften,
weil sie Familienbande zerstören. Dabei sollte dem
bischöflichen Sektenbeauftragten eines klar sein:
Wenn irgendjemand einen ›destruktiven Kult‹ gegründet hat, dann war das Jesus von Nazareth.

Und wie Jesus selber, so haben alle grossen katholischen Ordensstifter destruktive Kulte gegründet.
Als der heilige Bernhard im Jahr 1115, die Weltflucht
predigend, durch Frankreich zog, liefen Tausende
von jungen Männern, zum Entsetzen ihrer Mütter,
ihrer Frauen, hinter dem 25jährigen Abt weg in die
Wildnis. Als der heilige Thomas von Aquin 1244 in
den neuen Orden der Dominikaner eintreten wollte,
tat seine Familie erst einmal das, was die Familie in
Nazareth so gern mit Jesus getan hätte: Sie packte
den Möchtegern-Mönch, setzte ihn über ein Jahr
lang ins Familiengefängnis und verschaffte ihm dort
– Familien glauben an ›gesunden Sex‹ – den Besuch
von Huren. Kaum war Thomas wieder frei von der
Familie und vom ›gesunden Sex‹, schaffte ihn sein
Orden aus Neapel nach Köln. Das ist das gleiche, wie
wenn heute eine ›Jugendsekte‹ einen jungen Mann
erst einmal von seiner Familie weg nach Kalifornien
schafft – zum Entsetzen des ›bischöflichen Sektenbeauftragten‹.

Der entsetzte Sektenbeauftragte pflegt einzuwen-
den, Jesus sei doch nicht gegen die Familie gewesen,
er habe es nur mit schmerzlichem Bedauern hinge-
nommen, dass seine Familie seine Berufung nicht
schnell genug erkannt habe. Das ist eine Beschwich-
tigungslüge. Das Gegenteil ist wahr: Jesus *will* die fa-

miliären Bindungen zerstören; dies ist nicht eine schmerzlich in Kauf genommene Folge seines Auftritts, sondern seine erklärte Absicht: ›Ich bin gekommen, um den Mann zu entzweien von seinem Vater, die Tochter von ihrer Mutter, die Schwiegertochter von ihrer Schwiegermutter‹ (Matthäus, 10. Kapitel, Vers 35).

Ein destruktiver Kult. Auch in den Augen von Diplom-Psychologin Sigrun Koch. Beim Versuch, Jesus als therapeutisches Modell bei familiogenen Neurosen nutzbar zu machen, geriet sie in tiefe Melancholie. Für ›familiäre Beziehungen‹, bedauert die christliche Diplom-Psychologin, fehle es Jesus völlig an ›Modellverhalten‹. Vor allen Dingen sei er ›kein Vorbild für Ehebindungen‹.

Es gibt eine duckmäuserische Art, den jesuanischen Zölibat nicht als frechen Aufstand gegen die Familie darzustellen, sondern als karitative Selbstaufopferung des Zölibatären für die Ehen der andern. Dem ›Ehe-Beauftragten‹ der Österreichischen Bischofskonferenz, dem Vorarlberger Bischof Klaus Küng, liegt diese scheinheilige Opferlüge besonders: ›Auch in der Ehe gibt es Räume des Unerfüllten, Fragmentarischen. Die christliche Ehe kann nur gelingen in einer Liebe auf Hoffnung hin – auf *den*, der allein das Menschenherz ganz zu erfüllen vermag. Der Ehelose, der um des Himmelsreiches willen ganz auf diese Hoffnung setzt, wird so gerade auch den Eheleuten nahe sein und für sie zu einem Zeichen werden, dass alles in diesem Leben fragmentarisch bleibt, dass aber dennoch Hoffnung auf Erfüllung besteht.‹

Das sagt ein österreichischer Bischof. Jesus sagt
das radikale Gegenteil. Gegen die Ehe wie gegen die
Familie ruft er, der sonst die Nächstenliebe predigt,
auf zum Hass: ›Wenn einer zu mir kommt und hasst
nicht Vater, Mutter, Frau, Kinder, Brüder, Schwestern,
ja das eigene Leben, so ist er meiner nicht wert‹ (Lukas, 14. Kapitel, Vers 26).

Der einzige, der ernsthaft an einen Ehemann Jesus
glaubt, ist Schalom Ben-Chorin. Trotz dem tiefen Zerwürfnis mit seiner Herkunftsfamilie, behauptet der
jüdische Historiker, habe Jesus selber wahrscheinlich
eine Familie gegründet.

Der Gedankengang, mit dem Ben-Chorin Jesus
zum Ehemann machen will, ist freilich so dünn, dass
ihm nicht einmal Eugen Drewermann folgen will.
Ben-Chorin geht davon aus, dass nirgends in den
Evangelien ausdrücklich gesagt wird, Jesus sei ledig
gewesen. Also müsse er verheiratet gewesen sein,
denn als lediger Rabbi hätte er sich versündigt gegen
das Gebot des Talmud: ›Wer kein Weib hat, ist ohne
Freude, ohne Segen, ohne Glück, ohne Thora, ohne
Schutzmauer, ohne Frieden; ein Mann ohne Weib ist
kein Mensch.‹ Und das, schliesst Ben-Chorin kühn,
hätten ihm seine Gegner so lebhaft vorgeworfen,
dass es bestimmt überliefert wäre.

Aber haben sie es ihm nicht vorgeworfen? Im 19.
Kapitel bei Matthäus ist ein Vers, der schon sprachlich ganz aus dem Zusammenhang herausfällt. So
sentenziös hebt Jesus an: ›εἰσὶν γὰρ εὐνοῦχοι‹ – ›Es
gibt aber Eunuchen, die aus dem Mutterleib so geboren sind, und es gibt Eunuchen, die von den Menschen zu Eunuchen gemacht worden sind, und es

gibt Eunuchen, die sich selber zu Eunuchen machen um des Himmelsreiches willen. Wer es fassen kann, der fasse es‹ (Matthäus, 19. Kapitel, Vers 12).

Viel Eunuchentum in einem Satz. Zuviel für Uta Ranke-Heinemann. Um ihren jesusfeindlichen Kult der Ehe und Familie zu retten, flüchtet sie vor diesem klaren Satz Jesu in eine heuchlerische Begriffsdrechselei: Jesus spreche nur von der ›psychischen Selbstkastration in bezug auf Ehebruch und Wiederheirat‹. Da den Jüngern für so etwas Kompliziertes das Verständnis gefehlt habe, seien sie ›fassungslos‹ gewesen, und Jesus habe, um ihnen die Fassung zurückzugeben, hinzugefügt: ›Wer es fassen kann, der fasse es.‹

Ganz leicht und ohne alle Drechselei fassbar wird der Satz Jesu dagegen, wenn wir davon ausgehen, dass er, wie fast alles, was Jesus gesagt hat, im Streitgespräch gefallen ist, auf offenem Markt. Irgendeine jüdische Margarete Schreinemakers (RTL) oder irgendein jüdischer Friedrich Küppersbusch (ARD) wird Jesus an den Kopf geworfen haben, ihm fehle der ›gesunde Sex‹. Vermutlich sind auch noch, wie bei Schreinemakers-Küppersbusch, ganz andere Ausdrücke gefallen. Statt sich aufs Schreinemakers-Niveau herunterzulassen, antwortet Jesus, unnahbar, mit einer feierlichen Spruchweisheit. Der hinzugefügte Satz ›Wer es fassen kann, der fasse es‹ stellt keineswegs den Zölibat ins liberale Belieben. Nichts an Jesus ist liberal. Auf deutsch hätte Jesus wahrscheinlich gesagt: ›Ihr habt keine Ahnung, wovon ihr redet.‹

Plötzlich wird klar, warum Jesus mit seiner eige-

nen Familie in einen derart bösen Streit geriet. Fami- **99**
lien sind ja an vieles gewöhnt. Besonders von einem
Sohn nehmen sie ziemlich viel hin. Eins aber verträgt
die ganz gewöhnliche mitteleuropäische Familie genau so schlecht wie Familie von Aquin.

Jahrzehnte ist es her, aber es ist mir noch, als wäre
es gestern. Mein Vater sass in der Stube, müde von
der Arbeit, ahnungslos. Einen übermenschlichen
Mut hat es mich gekostet, vor ihn hinzutreten und zu
sagen: ›Papi, ich werde Mönch.‹ Nie zuvor und nie
danach im Leben habe ich einen Menschen derart
fassungslos gesehen, das Gesicht gezeichnet von
Schande, hilfloser Angst, von Wut und abgründiger
Enttäuschung.

Die Familie ist eine so archaische Form der Sozia-
lisierung, dass vieles an ihr aus der Tiersoziologie
verständlich wird. Genau wie beim Tier ist auch beim
Menschen der Zweck der Familie die Prokreation.
Nichts stellt deshalb die Familie so im Innersten in
Frage, nichts provoziert sie so wie ein Sohn, der sich,
bewusst und frech, für den Zölibat entscheidet. Denn
er negiert die Prokreation.

Mein Vater war nur ein christlicher Bürokauf-
mann. Der heilige Josef aber war ein jüdischer Patri-
arch, unendlich stolz auf seine dubiose Abstammung
von König David, unendlich begierig, dass diese unerhört wertvolle Familie sich weiter fortpflanze. Und
jetzt das. Man muss sich die Szene vorstellen: Sein
Sohn Jesus, der freche Jesus, tritt vor ihn hin und
sagt: ›Papi, ich werde Eunuch um des Himmelreiches
willen.‹ Ich vermute allen Ernstes, dass den heiligen
Josef in diesem Augenblick der Schlag getroffen hat.

Höchst bedenklich jedenfalls, wie Josef nach dem Familienstreit in Nazareth spurlos aus dem evangelischen Bericht verschwindet.

René König, auf den Marxismus angesprochen, pflegte zu erzählen, dass Karl Marx als alter Mann im British Museum in London zum ersten Mal in seinem Leben mit einem Arbeiter gesprochen habe. Se non è vero, è ben trovato: Die Revolution von Karl Marx war eine Revolution aus dem Kopf. Die Revolution Jesu war eine Revolution aus dem Bauch. So wie die Familie die Ur-Sozialisierung ist, so ist der Aufstand gegen die Familie die Ur-Revolution. Wer das nicht weiss, der hat sie nie probiert.

Wie in einem Familien-Krimi ist bei Johannes im 7. Kapitel nachzulesen, wie danach die Brüder Jesu gegen den Aussteiger einen regelrechten Mordplan ausgeheckt haben (Johannes, 7. Kapitel, Verse 1–5). Nicht obwohl, sondern weil sie genau wissen, dass man Jesus in Jerusalem bereits nach dem Leben trachtet, versuchen sie ihn zu einem öffentlichen Auftritt in Jerusalem zu überreden. Doch Jesus durchschaut die Heimtücke seiner Brüder: ›Meine Zeit ist noch nicht gekommen‹, sagt er, schickt die Brüder nach Jerusalem und zieht allein weiter durch Galiläa.

Allein? Jede christliche Familie wünscht sich das: dass der Abtrünnling mutterseelenallein sei. Irgendwo hinterm Bahnhof. In einem Müllcontainer. Von Gott und den Menschen verlassen. Mit Jammer gestraft: ›Tja, das hätte er sich vorher überlegen sollen.‹

Hier irrt die christliche Familie: An Jesus selbst als erstem erfüllt sich jene göttliche Verheissung, die je-

dem geschenkt ist, der den Mut zur zölibatären Revolution aufbringt: ›Wer verlässt Häuser oder Brüder
oder Schwestern oder Vater oder Mutter oder Frau
oder Kinder oder Äcker um meines Namens willen,
der bekommt es hundertfach zurück und das ewige
Leben dazu‹ (Matthäus, 19. Kapitel, Vers 29).

Legionen von konformistischen Theologen haben
an diesem Satz Jesu heruminterpretiert, um ihn fami-
lien- und ehefreundlich zu entschärfen. Er ist nicht
entschärfbar. Von allen frechen Sätzen des Zölibatärs
Jesus ist dies der allerfrechste: ›Lass deine Frau sitzen, komm in den Zölibat, da kriegst du auch die
Frau hundertfach zurück!‹

Wie dürfen wir uns das vorstellen? Lassen wir das
Evangelium selber sprechen: ›Und danach wanderte
er von Stadt zu Stadt, von Dorf zu Dorf, predigte und
verkündete das Evangelium vom Reich Gottes, und
die Zwölf waren bei ihm, sowie einige Frauen, die er
von bösen Geistern und Krankheiten geheilt hatte:
Maria, genannt Magdalena, aus der sieben böse Gei-
ster ausgefahren waren, Johanna, die Gattin des Chuza, eines Statthalters von Herodes, und Susanna und
noch viele andere Frauen, die mit ihrem Vermögen
für ihn sorgten‹ (Lukas, 8. Kapitel, Vers 3).

Was waren das für Frauen, die Jesus all die Sym-
pathie und Solidarität, welche ihm die eigene Familie
verweigerte, ›hundertfach‹ wiederschenkten? Es ist
der Ruhm der feministischen Theologie, das Sozialprofil, ja den individuellen Charakter der Jüngerin-
nen Jesu klar herausgearbeitet zu haben.

Da ist Martha von Bethanien, von der Lukas berichtet, sie habe Jesus ›in ihr Haus aufgenommen‹

(Lukas, 10. Kapitel, Vers 38). Das klingt harmloser, als es war. Inzwischen kennen wir die Sozialgeschichte Palästinas hinreichend, um zu wissen, dass eine Frau aus bäuerlichen oder kleinbürgerlichen Verhältnissen von den Nachbarinnen und Nachbarn gesteinigt worden wäre, hätte sie es gewagt, einen fremden Mann als Gast ins Haus zu nehmen. Eine solche Kühnheit konnte sich nur eine Frau aus vornehmen, reichen Kreisen leisten. ›Martha‹, schreibt Elisabeth Moltmann-Wendel, ›heisst Herrin. Nach allem, was wir den Texten entnehmen können, war sie eine wohlhabende Grundbesitzerin, die das Familienerbe verwaltete.‹

Spannender noch die Jüngerin Johanna. Lukas nennt sie ›die Gattin des Chuza‹ (Lukas, 8. Kapitel, Vers 3). Das war niemand anders als der Finanzminister des Herodes. Allerdings wissen wir aus ausserbiblischen Quellen, dass diese frechste aller jüdischen Frauen zu diesem Zeitpunkt ihrem prominenten Eheherrn bereits davongelaufen war. Offensichtlich hatte sie einen Teil seines ungerechten Mammons mitlaufen lassen und nutzte jetzt das Geld, um einen zölibatären Wanderprediger zu finanzieren, der ihr aus guten Gründen unendlich besser gefiel als ihr korrupter, anmassender Ehemacho.

Die wichtigste ist Maria Magdalena. Augustinus nennt die Frau an Jesu Seite ›apostola apostolorum‹ – ›Chefin der Apostel‹. Sie stammte, wie der Name sagt, aus dem Dorf Magdala in Galiläa. Dass sie selber über ihr Vermögen verfügen konnte, um Jesus zu finanzieren, setzt voraus, dass sie die Ehe bereits hinter sich hatte. Mit grosser Wahrscheinlichkeit

war sie die Witwe eines reichen galiläischen Grund-
besitzers.

Plötzlich fällt es uns wie Schuppen von den Augen: Maria Magdalena, das ist, an der Seite Jesu, der gleiche Frauentyp wie danach in Rom die heilige Paula an der Seite des Zölibatsstifters Hieronymus. Eine eigentliche Frauenbewegung ist das schon um Jesus, und sie hat das gleiche Sozialprofil wie jene zölibatäre Frauenbewegung, die, wir haben es gesehen, in Konstantinopel und in Rom den Zölibat in seiner kirchlichen, katholischen Form begründen wird. Witwen sind es in erster Linie, die, frei nach Simone de Beauvoir, sich die Emanzipation leisten können. Und da sie die Ehe bereits hinter sich haben, verstehen sie mühelos, was Jesus meint, wenn er Ehelosigkeit und Himmelreich gleichsetzt.

Wie hätten sie ihn nicht verstanden, als seine schlimmsten Feinde, die Sadduzäer, ihm die Fangfrage mit der Witwe stellten, die mehrere Ehemänner hatte. Wem dieses Weib denn nun im Himmel gehöre, wollten die Sadduzäer in ihrer patriarchalischen Verachtung wissen. Die Antwort Jesu ist ebenso souverän wie revolutionär: Die das Himmelreich erlangen, ›werden nicht heiraten und sich auch nicht heiraten lassen‹ (Lukas, 20. Kapitel, Vers 35). Das sagt er im Futurum. Doch schon im folgenden Satz fällt Jesus absichtsvoll vom Futurum ins Präsens: ›ἰσάγγελοι γάρ εἰσιν‹ (Lukas, 20. Kapitel, Vers 36) – jene, die, in der Nachfolge Jesu, sich schon jetzt getrauen, wie im Paradies zu leben, ›sind den Engeln gleich‹.

Aber ich habe etwas vergessen. Was ist eigentlich

104 aus Pater André geworden, dem frechen Freiburger Herz-Jesu-Pater, der uns zu dieser frechen Meditation über den frechen Jesus angeregt hat? Man hört so gar nichts mehr von ihm. Vielleicht schmachtet er irgendwo im Familiengefängnis des ›Familienbundes der deutschen Katholiken‹. Vielleicht ist er zu seinem eigentlichen Ordenszweck zurückgekehrt und hält ›im Sinne sühnender Genugtuung‹ Andachten zur Heiligen Familie. Oder sonst so etwas Furchtbares. Auf jeden Fall: Pater André, die freche Stimme aus Freiburg, ist verstummt.

Andere werden sie weitertragen, die Fackel der jesuanischen Empörung. Andere werden sie weiterverkünden, die subversive Botschaft aus Nazareth an die Jugend der Welt:

›Seid frech wie Jesus, lebt im Zölibat!‹

7. *Argument*
Zölibat ist natürlich.

Seine Forschungen über die Sexualität des Mannes haben ihn berühmt gemacht. Zahllosen Männern hat er, als Therapeut, in sexueller Not geholfen. Für alle Fragen der Männlichkeit ist Doctor Bernie Zilbergeld Amerikas Number One. Mir Zugang zu verschaffen zu seiner Sex-Praxis in Oakland (California), war mir nicht leicht gefallen. Jetzt sahen wir uns in die Augen. Von Mann zu Mann. ›Darf ich mich erkundigen‹, fragte Doctor Zilbergeld, ›was Ihnen fehlt?‹

›Doctor Zilbergeld‹, antwortete ich mit leiser, aber fester Stimme, ›mir fehlt der Glaube, dass ein normaler Mann Sex braucht.‹

Nichts unterscheidet amerikanische Wissenschaftler so angenehm von deutschen wie ihre Fähigkeit, sich auf eine ungewohnte Fragestellung augenblicklich einzustellen. ›Sie meinen?‹ fragte Doctor Zilbergeld mit einem Lächeln, aus dem keine Herablassung sprach, sondern echte Neugier. ›Ich meine‹, antwortete ich wahrheitsgemäss, ›dass der normale Mann keinen starken Sexualdrang hat und deshalb ebenso gut im Zölibat leben kann.‹

Jetzt war Doctor Zilbergelds Interesse geweckt. Auch wenn es noch Stunden dauern sollte, bis er soweit Vertrauen gefasst hatte, dass er mir jenen Fall erzählte, der ihm – wie er mir später eingestand – im ersten Augenblick unseres Gesprächs durch den Kopf geschossen war. Es handelt sich um einen berühmten amerikanischen Politiker, der sich zu dem ebenso berühmten amerikanischen Männertherapeuten in Behandlung begeben hatte. Nennen wir ihn, wie es die therapeutische Schweigepflicht gebietet, ***.

Seinen unaufhaltsamen Aufstieg verdankt *** der magischen Anziehung, die seine dynamische, männliche Erscheinung auf zahllose amerikanische Wählerinnen, vor allem aber auf seine eigenen Wahlhelferinnen ausübt. *** zu Doctor Zilbergeld: ›Es ist furchtbar, meine Wahlhelferinnen wollen alle mit mir ins Bett.‹

Was daran so furchtbar sei, wunderte sich Doctor Zilbergeld. Er sei von diesen Frauen genauso begeistert wie sie von ihm, beteuerte ***. Aber der Gedanke, mit ihnen ins Bett zu müssen, sei ihm so unerträglich, dass er sich ernsthaft Sorgen mache, ob er ein normaler Mann sei. Seit früher Jugend sei ihm das so gegangen, berichtete *** weiter. Schon im Internat habe er erlebt, dass am Sonntagnachmittag manchmal, auf den Betten ringsum, alle andern onanierten oder homosexuelle Spiele spielten. ›Ich allein fand das langweilig. Ich fand es, ehrlich gesagt, saublöd. Während alle um mich herum onanierten, las ich ein Buch.‹ Jäh hielt *** in seiner Schilderung inne. Flehentlich brach es aus dem sonst so selbstsicher wirkenden Mann heraus: ›Doctor Zilbergeld, ich bin nicht normal. Ich bin offensichtlich schwer gehemmt. Helfen Sie mir, Doc!‹

Doctor Zilbergeld tat alles, um zu helfen. In seiner sexualtherapeutischen Praxis, in der es, wie der Name Praxis sagt, sehr praktisch zugeht, gab er sich zwei Jahre lang alle Mühe, *** die sexuellen Hemmungen zu nehmen. Für den berühmten, erfolggewohnten Sex-Therapeuten war es ein erschütterndes Erlebnis, als er zwei Jahre später diesem besonders vitalen, besonders männlichen Patienten ins Gesicht sagen musste: ›Sir, wir müssen die Behandlung abbrechen. Bei Ihnen gibt es nichts zu enthemmen. Wahrscheinlich haben Sie keinen Sexualtrieb. Wahrscheinlich ist das bei Ihnen normal.‹

Wie wäre Doctor Zilbergeld erst aus der Fassung geraten, wenn der heilige Alois zu ihm in Behandlung gekommen wäre. Aloysius von Gonzaga (1568–1591) ist einer der grössten Heiligen des Jesuitenordens. Er gilt als Patron männlicher Keuschheit. Schon als Novize bei den Jesuiten in Rom benahm sich der heilige Alois allerdings so ›angelice‹, so ›engelgleich‹, dass rings um ihn ein gewisses Misstrauen aufkam. Die anderen Novizen vermuteten, der heilige Alois sei nicht ganz normal. Als er schliesslich auch noch im Beichtstuhl behauptete, er könne gar nicht sündigen, weil er keinerlei Versuchungen empfinde, schöpfte Pater Piatti, sein Beichtvater, den Verdacht, hier wolle wohl wieder mal einer, unter dem Vorwand der Heiligkeit, die Menschheit zum Narren halten. Pater Piatti fasste deshalb den aufregend modernen Beschluss, das Sexualleben des heiligen Alois empirisch zu erforschen. Zu diesem Zweck verlegte er den heiligen Alois in eine Zweierzelle und gab ihm als Zimmergenossen den als weniger heilig bekannten Frater Vincenzo Cigala mit dem ausdrücklichen Auftrag, den heiligen Alois Tag und Nacht zu beobachten, ›um‹, so heisst es wörtlich, ›den Punkt zu entdecken, wo er der Menschlichkeit unterläge‹.

So wie Doctor Zilbergeld den Patienten *** zwei Jahre lang behandelt hat, so hat Bruder Vincenzo Bruder Alois zwei Jahre lang nicht aus den Augen gelassen. Vergeblich. Da war einfach nichts. Keine

Sünde. Nicht eine Versuchung. Nicht ein einziges
Mal auch nur so etwas wie der exegetisch umstrittene ›Pfahl im Fleische‹ (2. Korintherbrief, Kapitel 12, Vers 7). Alle, die so etwas einfach nicht hatten wahrhaben wollen, mussten es beim Heiligsprechungsprozess beschämt eingestehen: Der heilige Alois war wirklich der ›juvenis angelicus‹, der ›engelgleiche Jüngling‹.

Die Frage drängt sich auf, ob es viele solche Männer gibt wie den erfolgreichen Politiker *** und den heiligen Alois. Doctor Zilbergeld ist sich sicher: ›Male virginity is real and widespread‹ – ›männliche Jungfräulichkeit gibt es wirklich, und sie ist weitverbreitet.‹ Dass sich die vielen nicht outen, liegt an dem schlimmen sexistischen Vorurteil, eine männliche Jungfrau sei etwas Lächerliches. Immerhin kommt der berühmte amerikanische Urologe Sheldon Fellman, nach langjährigen gründlichen Reihenuntersuchungen, zum Schluss, etwa jeder dreissigste Mann sei so wie der heilige Alois. Fellman hebt hervor, dass es sich dabei meist um besonders aktive, schöpferische, ja um besonders männliche Männer handle. ›The Virile Man‹ ist denn auch der Titel seines aufregenden Buches. Nachdrücklich weist Doctor Fellman darauf hin, dass Sigmund Freud selber viele Jahre seines Lebens so war wie der heilige Alois und dass dies, selbst für seine Beschäftigung mit der Sexualität, besonders fruchtbare Jahre waren.

Steht somit zweifelsfrei fest, dass es solche Männer gibt, ja dass dies bewundernswert männliche Männer sind, so stellt sich doch, drängender noch als zuvor, die Frage des gesunden Menschenverstands:

Sind solche Männer denn auch normal? Die Antwort lautet, schlicht und einfach, ja. Männer wie ***, der heilige Alois und Sigmund Freud sind sogar, in einem gewissen Sinn, von allen Männern die normalsten. Sie haben keinen männlichen Sexualtrieb, weil es den männlichen Sexualtrieb gar nicht gibt.

Ich würde mich hüten, so etwas zu behaupten, wenn es nicht wissenschaftlich bewiesen wäre. Es steht sogar dort, wo man es am wenigsten erwarten würde, nämlich mitten im ›Hite Report on Male Sexuality‹. In dieser grössten Umfrage aller Zeiten zur Sexualität des Mannes hat Frau Hite über 7000 Männer im Alter von 13 bis 97 Jahren gnadenlos ausgeforscht. Danach stand fest: So etwas wie einen ›male sex drive‹ gibt es überhaupt nicht. Für einen Trieb oder Drang des Mannes zur Frau, schreibt Frau Hite ausdrücklich, gebe es ›no biological or physical proof‹. ›Von Natur aus‹ empfinde der Mann nichts dergleichen. Das ganze ungeheure Gerede vom ›male sex drive‹ sei, schliesst Frau Professor Hite wörtlich, ›an ideological construct‹. Ein ›ideologisches Gebilde‹. Auf deutsch gesagt: Der ungeheure sexuelle Trieb, den die meisten Männer zu verspüren glauben, ist reine Einbildung.

Wie kommt diese Einbildung, wissenschaftlich gesehen, zustande? Bereits Adolf Portmann, der Schweizer Zoologe, hat erkannt, dass der Mensch, im Vergleich mit verwandten Tieren, ein Jahr zu früh zur Welt kommt. Er ist deshalb, im Unterschied zum Tier, in seinen Instinkten nicht vorgeprägt, sondern, im Gegenteil, offen für jede nur denkbare soziale Prägung. Und Bertrand Russell, der englische Mathema-

tiker, hat, etwa zur gleichen Zeit, herausgefunden,
dass der Mensch höchstens *einen* ›Instinkt‹ hat, nämlich den Instinkt des Säuglings, an der Brust der Mutter zu saugen. Alles andere, insbesondere die kom-
plette Sexualität des Menschen, sei kein Drang, kein
Trieb und kein Instinkt, sondern komplett ›erlernt‹.
Der deutsche Oberlehrer würde sagen: ›Der männliche Sextrieb ist das Produkt eines hochkomplexen
soziokulturellen Prozesses.‹

Es handelt sich, mit anderen Worten, um die älteste Hochstapelei der Welt. Und um die simpelste. Zu
Grimmelshausens Zeiten schon gab es auf dem hin-
tersten deutschen Dorf ein paar billige junge Männer,
die, mangels anderer Talente, mit nichts anderem an-
geben konnten als mit jenen jugendlichen Schwel-
lungen in der Hose, die ihnen selber ungeheuer gross
und wichtig schienen. Auf dem Misthaufen mitten
im Dorf sassen sie zusammen und verrissen den ganzen Abend das Maul mit ›Wichsen‹, ›Ficken‹ und
›Bumsen‹. Was ist Schlimmes daran?

Nur eines. Zwar gibt es keinen spezifisch männlichen Geschlechtstrieb, dafür aber, ungeheuer stark,
eine spezifisch männliche Dummheit. Sie äussert
sich in kollektiver Aufschneiderei. Kaum hat einer
angefangen, mit irgendetwas aufzuschneiden, und
sei es mit jenem Glied, das Erasmus von Rotterdam
im ›Lob der Torheit‹ als das dümmste Glied des
menschlichen Körpers bezeichnet, so glauben alle
andern Männer, auch damit aufschneiden zu müssen. In der Dorfschänke von Simpelhausen sitzen
jetzt die gestandenen Männer und schneiden ebenfalls um die Wette auf mit ›Wichsen‹, ›Ficken‹, ›Bum-

sen‹. Das Ergebnis dieses ›hochkomplexen soziokulturellen Prozesses‹ ist ein ›ideologisches Gebilde‹: Sämtliche Männer im Dorf glauben allen Ernstes, sie hätten einen ungeheuer starken sexuellen Drang.

Wie einst auf dem altdeutschen Dorf, so heute im ›world village‹. Auf dem Misthaufen des Weltdorfes, das heisst in allen Medien, sitzen die billigen jungen Männer und verreissen, mangels anderer Talente, das Maul mit ›Wichsen‹, ›Ficken‹, ›Bumsen‹. Entsprechend dem geschilderten ›hochkomplexen soziokulturellen Prozess‹ glauben zum Schluss sämtliche Männer im ›world village‹, es gebe im Leben nichts Wichtigeres als ›Wichsen‹, ›Ficken‹, ›Bumsen‹. Frau Professor Hite nennt das, mit weiblicher Höflichkeit, ein ›ideological construct‹. Sigmund Freud, der grosse Zölibatär, spräche wohl, zutreffender, von einer ›kollektiven Hysterie‹. Am bündigsten hat Karl Kraus gesagt, was da los ist: ›Geschlecht und Lüge‹. Lüge und Sex, ein und dasselbe.

Und doch, so unwahrscheinlich das klingen mag, gibt es auch in der männlichen Sexualität so etwas wie Wahrheit. Besser gesagt, die Wahrheit droht herauszukommen. Denn es gibt die Frauen. Das ganze weibliche Geschlecht macht, Nacht für Nacht, die gleiche Erfahrung wie ›Brigitte‹-Reporterin Eva Kohlrusch, als sie, mit der Behauptung, Männer bräuchten dringend Sex, quer durch Deutschland zog und von den befragten Ehefrauen, überall, ausnahmslos, die gleiche Antwort bekam: ›Komisch, meiner nicht.‹

Wo Lüge ist, da droht Lächerlichkeit. In seiner berechtigten Angst vor tödlicher Lächerlichkeit gerät der ganz gewöhnliche männliche Sex-Hanswurst, **113** heute im ›world village‹ wie einst auf Grimmelshausens Dorf, unter die Bauernfänger. Unter die Quacksalber gerät er und unter die Versandhändler, unter die Sextours-Agenten und unter die Apotheker, unter die Scharlatane und Psychotherapeuten, unter die Kurpfuscher und in die Talk-Shows.

Die peinliche Diskrepanz zwischen dem riesenhaft geschwollenen ideologischen Gebilde in seinem Kopf und dem kümmerlichen biologischen Gebilde in seiner toten Hose, so schwindeln dem dummen Bauern auf dem Bauernmarkt des ›world village‹ die Bauernfänger alle vor, diese schrecklich peinliche Diskrepanz sei heilbar. Ganz leicht heilbar. Natürlich nur gegen gutes Geld. Durch Chemotherapie. Durch Psychotherapie. Durch Pornographie. Durch gruselige Operationen. Durch teure Reisen ans andere Ende der Welt, wo nie gekannte exotische Reize das bescheidenste aller Trieblein vielleicht doch noch hochkitzeln könnten zu so etwas wie einem ganz bescheidenen Erektiönlein. Vielleicht.

Dass der ganze gigantische Reparaturbetrieb um die männliche Potenz in höchstem Masse sinnlos ist, weil der Trieb, falls überhaupt vorhanden, von Natur aus schwach ist und somit, in all seiner Schwäche, völlig gesund und keiner Reparatur bedürftig, das sagt dem dummen Sex-Simpel im ›world village‹ natürlich keiner.

In einer Titelgeschichte über den weltweiten Bauernmarkt der sexuellen Scharlatanerie spricht der ›Spiegel‹, tief betroffen, von der ›schamlosen Gesellschaft‹. Kardinal Meisner, noch betroffener, spricht von der ›enthemmten Gesellschaft‹. Das heisst der männlichen Dummheit viel Ehre antun. Den Kern der Sache getroffen hat der französische Linguist Etiemble mit seinem Vorschlag, das scheinbar unübersetzbare amerikanische Fremdwort ›sex‹ ins Französische zu übersetzen mit ›frigidité‹. Als Ergebnis von dreissig Jahren Sex leben wir in der ›frigiden Gesellschaft‹. Professor Etiemble würde es noch treffender sagen: ›Rien ne va plus.‹

›Wo die Not am höchsten, ist die Rettung am nächsten‹ (Mackie Messer). In ihrer selbstverschuldeten sexuellen Not erkennen heute immer mehr christliche Männer in Moses Maimonides (Rabbi Mose ben Maimon, 1135–1204) den einzig wahren Lebensmeister für unsere Zeit. Dieser bewundernswerte jüdische Mediziner war kein geschäftstüchtiger Scharlatan, sondern ein wahrer Arzt. Statt den Männern Pulver und Pillen zu verschreiben, Kräuter und Salben, hat er ihnen die Wahrheit gesagt: Gegen jene peinlichen Schwierigkeiten, die sich aus der Diskrepanz zwischen dem riesengrossen ideologischen Gebilde im Kopf des Mannes und dem bescheidenen biologischen Gebilde in seiner Hose (damals noch in seinem Rock) ergeben, gegen so etwas, lehrt Rabbi Mose ben Maimon, hilft nur der Zölibat. In leichten Fällen einige Monate Zölibat. In schwierigeren Fällen einige Jahre Zölibat. In nicht wenigen Fällen, als einzig wirksame Hilfe, lebenslänglich Zölibat. Lebte der grosse jüdische Arzt heute, auf der Stelle würde er wohl dem ganzen world village den Zölibat verordnen. Zumindest für die Christenheit lebenslänglich Zölibat.

Aber gehen wir ruhig, in unserer Suche nach klassischer Lebenshilfe für den hilflos überforderten Mann unserer Zeit, ein paar Jahrhunderte hinter Maimonides zurück. Als bedeutendster Zoologe des römischen Altertums gilt Plinius der Ältere. In seinem Hauptwerk ›historia naturalis‹ wendet er sein besonderes Augenmerk dem Elefanten zu. Nicht ohne Grund. Der moderne, in der tiefenpsychologischen Symbolik geschulte Betrachter erkennt ja im Elefanten das männliche Tier schlechthin. In diesem Zusammenhang nun hebt Plinius der Ältere als besonders bedeutsam hervor, dass der Elefant ein sexuelles Bedürfnis nur alle zwei Jahre verspürt.

Da haben sich denn viele gefragt, warum der Elefant, wie allgemein bekannt, bei der Paarung so ungeheure Lust empfindet. Die meisten erklären sich das mit der gewaltigen Grösse des männlichen Gliedes beim Elefanten und verweisen auf den wissenschaftlichen Begriff der ›Elephantiasis‹. Das ist Unsinn. Die Alten wussten es besser: ›Repetita non placent‹. Auf deutsch: ›Mit der Wiederholung kommt der Überdruss.‹ Doktor Maimonides würde sagen: Weil er es nur alle zwei Jahre tut, gerade deshalb eignet dem Elefanten eine wahrhaft elephantiastische Potenz.

Das ist die Weisheit des Westens: der Elefant als Archetyp gesunder Männlichkeit. Werfen wir jetzt, andachtsvoll, einen Blick in jenes Buch, von dem Wilhelm von Humboldt gesagt hat, es sei ›das Tiefste und Erhabenste, was die Welt aufzuweisen hat‹. Das ist die Bhagavadgita, Indiens heiligste Schrift. Sie berichtet von der göttlichen Erleuchtung, die Arjuna, der männlichste aller Sieger, auf dem Schlachtfeld von Kuruksetra empfangen hat. Im 58. Vers des 2. Gesangs wird Arjuna belehrt: ›Wer, gleich einer Schildkröte, die ihre Glieder in den Panzer einziehen kann, imstande ist, seine Sinne vor sinnlichen Erlebnissen zurückzuziehen, der gründet in wirklicher Weisheit.‹

Der männliche Mann als Elefant oder als Schildkröte? Schrischri Schankara (788–820), Indiens grösster Weiser, geht über beide Bilder noch hinaus, wenn er in seinem grandiosen Kommentar zu den Brahmasutras Badarajanas zur Erkenntnis gelangt, dass der ganze Geschlechtstrieb nichts ist als Illusion. Nichts als ›Blendwerk der Maya‹. Von Schankaras Bramasutras-Kommentar zum ›Hite Report on Male Sexuality‹, von Indiens uralter Weisheit zu Amerikas bester empirischer Forschung, schliesst sich so durch alle Jahrhunderte der zeitlose Kreis gesicherter Erkenntnis.

Es war in einem College in Wyoming. Doctor Zilbergeld, damals noch Chef des ›Männer-Programms‹ der University of California, hatte seinen berühmten Standardvortrag – alles über Erektion und Ejakulation – gehalten. Gerade wollte er seine Schaubilder und Tabellen zusammenpacken, als es geschah. Ein zwar scheu, aber dennoch entschlossen wirkender junger Mann trat vor das Mikrophon. Vor allen seinen Kommilitonen, mitten in dem rhetorisch noch von Erektionen und Ejakulationen geschwängerten Saal, sprach er mit leiser, aber fester Stimme das Ungeheuerliche aus: ›I am a Virgin – ich bin eine Jungfrau.‹

Eine fast unerträgliche Stille, so berichtet Doctor
Zilbergeld, senkte sich über das College in Wyoming.
Kein einziger lachte. ›Mir selber hatte es die Sprache
verschlagen. Alle spürten wir, was für einen unerhör-
ten Mut dieser junge Mann brauchte, um sich als
Jungfrau zu bekennen.‹ Doctor Zilbergeld überlegt.
Er spricht es nicht aus. Aber es scheint ihm auf der
Zunge zu liegen: Ist so eine bekennende Jungfrau
nicht etwas ungleich Männlicheres als so ein feiger,
verlogener, konformistischer Sex-Simpel, der von
morgens bis abends nichts anderes im Maul führt als
›Wichsen‹, ›Ficken‹, ›Bumsen‹?

In Japan gibt es ein Fest. Es heisst Tango-no-sekku. Gefeiert wird es am 5. Mai. Es ist das Fest der
erwachenden Männlichkeit. Vor allen Schreinen und
Tempeln wehen an diesem Tag, an hohen Stangen,
heilige Windfahnen, alle geschmückt mit dem far-
benprächtigen Bild des Karpfen. Die Windfahnen
sind eine Mahnung an alle Knaben und Jünglinge,
sich den Karpfen zum Vorbild zu nehmen. Weil er
tapfer gegen den Strom schwimmt, wenn alle andern Fische sich, bequem und feig, stromabwärts
treiben lassen, gilt der Karpfen in Japan als Inbegriff
der Männlichkeit.

Das ist Tango-no-sekku, Japans Botschaft an die
Welt. Und wie steht es bei uns im Westen? Gut ein
Jahrhundert ist es her, seit die Emanzipation der Frau
damit begonnen hat, dass ein paar Frauen im Westen
den Mut hatten, tapfer gegen den Strom der herr-
schenden Zwangs-Sexualität zu schwimmen. Wie,
wenn heute, ein Jahrhundert danach, die Emanzipation des Mannes damit begänne, dass Männer sich

118 ebenso mutig zum Zölibat bekennen? Dass vor allen Dingen der Anstand, ja die Hochachtung vor dem katholischen Priester wiederhergestellt wird?

Er ist der Karpfen des Westens. Während die anderen Männer noch immer, feig, verlogen, spiessig und bequem, sich stromabwärts treiben lassen, hinab in die trüben Fluten der Pornokratie, schwimmt er allein, in beispielhafter Männlichkeit, stromaufwärts ins kristallklare Wildwasser des Zölibats.

8. *Argument*
Zölibat ist feministisch.

Am 10. September 1978 stand der Vatikan kopf. Spontan, in aller Öffentlichkeit, hatte Papst Johannes Paul I. etwas Ungeheuerliches gesagt: ›Gott ist unser Vater, ja mehr noch, er ist unsere Mutter.‹

Zwei Jahrzehnte danach nötigt uns die damalige Aufregung einer rückständigen Kurie über einen prophetischen Papst nur noch ein mitleidiges Kopf- schütteln ab. Abgesehen von ein paar unbelehrbar Ewiggestrigen haben wir alle längst erkannt, dass die ›Göttliche Mutter‹ in der Religion ›das Urmysterium‹ (Karlheinz Deschner) ist. ›Nacht und Tag, Geburt und Tod, Entstehen und Vergehen, die Schrecken des Le- bens und seine Freuden entstammen derselben Quel- le, aus dem Schoss der Grossen Mutter gehen alle We- sen hervor, und in ihn kehren sie zurück‹, so beken- nen wir heute mit Karlheinz Deschner.

Das eleusinische Mysterium haben wir neu erfah- ren, ›dass das Männliche dem Weiblichen unterzu- ordnen ist und letztlich immer – auch als Geliebter und Mann – sein Sohn bleibt‹ (Erich Neumann). Mit Johann Jakob Bachofen, dem grossen Wegbereiter der Frauenbefreiung, rufen wir Christinnen und Christen einander heute zu: ›Lassen wir die Vergöt- terung der eigenen Vernunft und den Götzendienst selbstgeschaffener Idole – befolgen wir das alte, dem Äneas gegebene Orakel: antiquam exquirite Matrem: der uralten Mutter folget nach!‹

Der uralten Mutter und ihrem Sohn Eugen Dre- wermann nachfolgend, haben wir den ägyptischen Ursprung unserer heiligsten Symbole wiederent- deckt. Das Kreuz Jesu Christi lehnen wir als ›männ- liches Foltergerät‹ (Publik-Forum) kompromisslos ab und begreifen es neu, das heisst altägyptisch, als **121** ›matrifokales Symbol‹. Mit Professor Georg Baudler, dem grossen katholischen Theologen der Technischen Hochschule Aachen, bekennen wir uns kurz und klar zum neuen Mutterkreuz: ›Inmitten des Dunkels patriarchalischer Tötungswut, die ein grausames Menschenopfer-Ritual zu Ehren des römischen Gott-Kaisers und seiner männlich-staatlichen Tötungsgewalt zelebriert, mitten in diesem Dunkel von Zynismus, Blut und Tränen leuchtet in den ausgebreiteten Armen Jesu neu die alte Muttergottheit auf.‹

Dass die uralte Muttergottheit in Aachen besonders hell aufleuchten musste, liegt auf der Hand. Schon immer haben wir Katholiken die Gottesmutter Maria verehrt als ›aller Welten Herrscherin‹ und ›Mittlerin aller Gnaden‹. Mit Leonardo Boff (São Paolo) gehen wir jetzt in der Marienverehrung bewusst noch einen Schritt weiter als Georg Baudler (Aachen). ›Das Weibliche‹, erkennen wir mit dem brasilianischen Befreiungstheologen, ›gipfelt in der substantiellen Heiligkeit, die der Heilige Geist selbst ist.‹ Ganz wichtig für uns heute: ›Ruach‹, der Geist Gottes, ist auf hebräisch weiblich. Diese weibliche dritte Person Gottes hat sich, schreibt Leonardo Boff, in Maria ›pneumatisiert‹, das heisst als Göttin ›voll personalisiert‹: ›Die Jungfrauschaft ist göttlich, die Mutterschaft ist göttlich, die Empfängnis ist göttlich, und die Entbindung ist göttlich.‹ Aus dem Brasilianischen ins Deutsche übersetzt: Für uns progressive ChristInnen ist Maria die vierte Person der Allerheiligsten Dreifaltigkeit geworden.

So ist denn auch ihr Sohn Jesus ganz erfüllt vom Urmysterium der Göttlichen Mutter. Mit Christa Mulack huldigen wir ihm als dem ›Gesalbten der Frauen‹. Mit Elisabeth Moltmann-Wendel lieben wir ihn als den ›zärtlichen Jesus‹. Mit Franz Alt beten wir ihn sühnend an als den ›gekreuzigten Frauenfreund‹. Ihm folgen wir alle nach als dem ›ersten neuen Mann‹.

Dergestalt geläutert und gereift, widersagen wir neuen Männer all den bösen Vorurteilen unserer blinden Urväter gegen die göttliche Urmutter. Wir widersagen Thomas von Aquin und Mephistopheles. Bewusst widersagen wir neuen Männer der unheilvollen Behauptung des heiligen Thomas, ›dass der Mann zu jedem anderen Werke als dem der Fortpflanzung eine bessere Hilfe im anderen Mann findet als in der Frau‹. Bewusst widersagen wir Mephistopheles und all seinen teuflischen Werken männlicher Ironie. Sollte einer von uns wirklich noch glauben, er könne über Gretchens ›matrifokales Urmysterium‹ mephistophelisch dumme, dünne Witzchen reissen, so packen wir neuen Männer ihn am Kragen und sagen ihm ins Gesicht: ›Bürschchen, du hast dich nicht nur im Jahrzehnt geirrt, sondern im Jahrhundert!‹

Doch je mehr unser Glaube an das Urmysterium der Göttlichen Mutter wächst, desto wunderlicher fällt auf, dass manche von uns, vielleicht sogar die besten, immer noch zögern, ja zu sagen zum Priestertum der Frau. Wer ja sagt zur Göttlichen Mutter im Himmel, der muss doch auch ja sagen zur priesterlichen Tochter am Altar. Oder nicht?

Hat nicht Karlheinz Deschner zweifelsfrei nachgewiesen, dass der Herd der Frau, prähistorisch gesehen, der eigentliche und ursprüngliche Altar aller Religionen ist, somit auch die Frau die eigentliche und ursprüngliche Priesterin? Und wenn wir so gern an Rom als die Zitadelle des Zölibats denken, warum denken wir dann nicht auch, mit Georg Denzler, an die Vestalischen Jungfrauen, die eben jenes heilige Urfeuer des Herds in Rom priesterlich hüteten (und denen die grausamste aller Todesstrafen drohte, wenn sie ihr Zölibatsgelübde verletzten)? Die heilige Pythia gar, Apollos jungfräuliche Priesterin, erleben wir sie nicht heute als prophetische Vorläuferin für ein ganz neues, progressives Priestertum der Frau? Haben uns nicht Carola Meier-Seethaler, Ursa Krattiger und Hildegunde Wöller überzeugend gelehrt, dass jedes ganz kleine Mädchen bereits erfüllt ist vom Bewusstsein, Priesterin eines ›kosmischen Kultes‹ zu sein? Wissen wir Männer nicht alle, aus der eigenen, schlichten, alltäglichen Erfahrung, dass in jeder Frau eine wahre Hildegard von Bingen steckt, ein urpriesterliches Talent zum Verkündigen, zum Predigen, Ins-Gewissen-Reden und Beichthören?

Ich will es ganz offen sagen: Die Frage nach dem Priestertum der Frau ist viel zu ernst, als dass wir sie uns Männern stellen sollten. Soviel Unsinn haben wir Männer jahrhundertelang über die Frauen zusammengedacht, soviel strohdummes Zeug zusammengeredet, dass wir, als neue Männer, jetzt einen Augenblick ganz einfach das tun sollten, was unsere Väter leider Gottes nicht taten: Wir sollten das Maul halten. ›Ce que femme veut, Dieu le veut‹ heisst auf deutsch: Die Frauen selber, sie allein, haben heute darüber nachzudenken, sie allein haben heute zu entscheiden, ob sie Priesterinnen werden wollen oder nicht. Und welche Frau wäre mehr berufen, uns in dieser religiösen Schicksalsfrage, der antiken Sibylle gleich, ein klares, wegweisendes Wort zu sagen als Margarete Mitscherlich?

Schonungslos reisst die grosse Psychoanalytikerin und Feministin uns, die wir so gern mit Erich Neumann das heilige Urmysterium der Göttlichen Urmutter feiern möchten, aus der neumännlichen Schwärmerei. Statt des Urmysteriums Mutter schildert sie den Urkonflikt zwischen Mutter und Tochter. Anhand eines exemplarisch erlebten Falles, nämlich der Patientin Martha, beschreibt Margarete Mitscherlich diesen Urkonflikt aus der Perspektive der Tochter als eine Hölle von Schuldgefühlen und Verlassenheitsängsten, von Hass, Verzweiflung, Zorn.

Gewiss geht Margarete Mitscherlich nicht ganz so weit wie Janine Chasseguet-Smirgel, die geniale amerikanische Analytikerin des Mutter-Tochter-Konflikts. Chasseguet-Smirgel hat ja unumwunden behauptet, der ›Männerhass‹ der Frauenbewegung sei nichts als verdrängter ›Mutterhass‹, im Hass auf den Mann äusserten sich nur, verschoben auf einen viel leichter zu bewältigenden Nebenkriegsschauplatz, ›die frühe Angst und die Hassgefühle auf die allmächtige Mutter‹. Und doch stellt auch Margarete Mitscherlich, in tiefer Betroffenheit, sich selbst und allen Frauen die schmerzliche Frage: ›Müssen wir unsere Mütter hassen?‹

›Wenn mir jemand sagt, ich bin wie meine Mutter, das kommt für mich einem Todesurteil gleich. Dann

krieg ich sofort Aggressionen, das ist das Schlimm- **125**
ste, was du mir sagen kannst. Ich glaube, wenn meine Mutter tot wäre, mir würde nichts fehlen.‹ Das
sagt nicht Margarete Mitscherlich, sondern Margret
M., 34, verheiratet, zwei Töchter, z. Zt. Hausfrau. Bar-
bara Franck hat es, ganz im Sinne der Analyse von
Margarete Mitscherlich, in ihren ›Gesprächsproto-
kollen mit Töchtern‹ festgehalten. Und Karen B., 36,
geschieden, von Beruf Directrice, beichtet: ›Meine
Mutter kam mir manchmal so vor wie eine schnap-
pende Falle. Ich habe bei ihr das Gefühl gehabt,
wehe, du gibst dem nach. Wehe, du lässt dich da rein-
fallen, dann hat sie dich mit Haut und Haaren. Dann
bist du nichts mehr, dann bist du nur noch sie. Es ist
tatsächlich so was von Schlund und Abgrund und
Krake und tausend Arme und Einfangen.‹

Am schrecklichsten die ›nicht abgeschickten
Töchterbriefe‹, die Monika Sperr gesammelt und
veröffentlicht hat‹: ›Liebe Mutti. Für das neue Jahr
wünsche ich mir und meinen Schwestern, dass wir
wieder ein Stück mehr von Dir loskommen und von
Deinen Lügen. Dass wir uns ein Stück mehr freima-
chen von diesem Frau- und Mutter-Sein, was Totsein
bedeutet. Mach's gut, Mutti!‹

Heisst das, dass der Urkonflikt zwischen Mutter
und Tochter wesenhaft tragisch ist, wesenhaft unlösbar? Nein. Die Erfahrung der Ab- und Erlösung,
die Befreiung der Tochter ist möglich. Violette Leduc,
die grosse französische Schriftstellerin, hat diesen
schicksalhaften Augenblick in ihrem Roman ›Rava-
ges‹ (Verwüstungen), dramatisch dargestellt. Es ist
der Augenblick, in dem die scheinbar allmächtige

Mutter die Augen senkt und ihrer Tochter gesteht: ›Je vieillis‹ – ›Ich werde alt‹. Viel kürzer noch, prägnanter, hat Nancy Friday, die amerikanische Psychologin, in ihrem Millionen-Bestseller ›Wie meine Mutter‹ das befreiende Erlebnis beschrieben, mit dem seit Urzeiten die Selbstverwirklichung der Tochter beginnt: ›Eine Mutter stirbt. Eine Tochter wird geboren. Der Kreislauf beginnt von neuem.‹

Und jetzt die furchtbare Wahrheit: Es gibt eine Mutter, die niemals stirbt. Es gibt eine Mutter, die niemals altert. Allmächtig und ewig, allwissend und unsterblich thront sie über uns, die Göttliche Urmutter, das mütterliche ›Urmysterium‹ von Karlheinz Deschner. Und zur furchtbaren Wahrheit die furchtbare Frage: Was wird es, psychoanalytisch, für das Seelenleben der ganz normalen jungen Frau von heute bedeuten, wenn sie, vielleicht morgen schon, an den Altar berufen wird, als Priesterin geweiht für den lebenslänglichen Dienst der allmächtig-unsterblichen Göttlichen Mutter?

Die Frage ist so ernst, dass wir alle jene psychoanalytischen Begriffe, die manche vielleicht zu Recht als verstiegen empfinden, beiseite lassen sollten, um uns den Fall in seiner schlichten, alltäglichen Wirklichkeit von morgen lebendig vorzustellen. Zum Beispiel den Fall Margret M. (nicht die Psychoanalytikerin, sondern die 34jährige Hausfrau, die ihrer Mutter den Tod wünscht).

Margret M. hat inzwischen Theologie studiert und ist gerade im Kölner Dom zur Priesterin geweiht worden. Zum ersten Mal steht sie mit dem Weihrauchfass am Altar. Margret M. hat jetzt zwei Mög-

lichkeiten. Sie kann mit dem Weihrauchfass links um
den Altar herumgehen wie Papst Paul VI., sie kann
mit dem Weihrauchfass rechts um den Altar herumgehen wie Papst Johannes Paul II. Links wie rechts,
in jedem Fall schwingt Margret M. das Weihrauchfass zu Ehren einer allmächtigen ewigen Mutter. Sie
wird es lebenslänglich schwingen müssen.

Niederknien muss die Priesterin Margret M. vor
dem ›Urmysterium‹ der ewigen allmächtigen Mutter – lebenslänglich. Anbeten muss sie die ewige allmächtige Mutter – lebenslänglich. Ihre Sünden muss
sie der allmächtigen ewigen Mutter bekennen – lebenslänglich. Flehentlich muss sie ihre priesterlichen
Hände erheben zur ewigen allmächtigen Mutter –
lebenslänglich. In den Staub werfen muss sie sich
vor der ewigen allmächtigen Mutter — lebenslänglich. Das Allerschlimmste für eine junge Frau, die
Theologie studiert hat und somit alles besser weiss:
Sie muss sich einer allwissenden ewigen Mutter un-
terwerfen – lebenslänglich. Was heisst lebenslänglich? Im Himmel noch, in alle Ewigkeit wird Margret
M. ihr Weihrauchfass kniefällig schwingen müssen
vor der allmächtig-allwissenden Mutter. Als katholische Priesterin ist sie ja ›Priesterin in Ewigkeit nach
der Ordnung des Melchisedech‹ (Psalm 110, Vers 4).

Das ist die Hölle. Es ist die Anti-Emanzipation
schlechthin. Psychoanalytisch gesehen ist es die teuflische Falle, in die das fast schon besiegte Patriarchat
die siegreiche Frauenbewegung im letzten Augenblick noch locken will.

Aber auch wir neuen Männer haben ein gerüttel-
tes Mass männlicher Schuld. Allzulange haben wir

das Maul gerade da gehalten, wo wir es, den Frauen zuliebe, hätten aufmachen sollen. Bei Sigmund Freud in ›Totem und Tabu‹ ist ja nachzulesen, wie grauenhaft wir religiösen Männer, solange Gott noch Vater war, unter dem Vater-Sohn-Konflikt gelitten haben. Gerade deshalb war es für uns eine unerhörte Befreiung, als wir den ›Archetyp des Grossen Weiblichen mit einem Male und in überwältigender Ganzheit und Vollkommenheit‹ (Erich Neumann) gläubig erkennen durften. Doch was für uns Männer Befreiung war, wird jetzt zur Unterdrückung der Frauen. Längst hätten wir neuen Männer die Pflicht gehabt, unseren emanzipierten Schwestern, in geschwisterlicher Solidarität, warnend zuzurufen: ›Erspart euch das Priesterinnentum, um Gottes willen. Finger weg von Mutters metaphysischem Herd!‹

Und ein zweites hätten wir ihnen längst sagen müssen, unseren feministischen Schwestern: Wenn sie die teuflische Falle des Priesterinnentums bewusst meiden, brauchen sie deshalb den Dienst im Heiligtum nicht kampflos dem Patriarchat zu überlassen. Das Patriarchat, darüber sind wir ChristInnen uns alle einig, hat in der Kirche Gottes nichts zu suchen. Stellvertretend für alle Frauen steht am katholischen Altar ein Mann, der das Gegenteil des Patriarchen ist, ja sogar, historisch und psychoanalytisch, sein Erzfeind. Das ist der zölibatäre Priester.

Die Katholische Kirche hat ihn nicht erfunden. Muttergebundene Männer, zölibatäre Priester waren es einst, die im Namen der Frauen in den Tempeln Syriens der Astarte huldigten, der Göttlichen Urmutter, bevor dieser älteste feministische Kult von Jahwe,

dem bösen Vater-, Männer- und Kriegergott, grau-
sam ausgerottet wurde. Muttergebundene Männer,
zölibatäre Priester waren es, die einst in Babylons
matriarchalischen Tempeln kniefällig die ›Grosse
Rhea‹ anbeteten, und in dieser allmächtigen Mutter-
göttin das ganze göttlich grosse weibliche Geschlecht. Im zölibatären Priester der Katholischen
Kirche, in ihm allein, lebt diese vorpatriarchalische,
urfeministische Tradition einer matriarchalisch ge-
prägten Männlichkeit ungebrochen fort.

Keiner hat das, wider Willen, so schön bewiesen
wie Eugen Drewermann. Fast tausend Seiten ver-
wendet er darauf, den ganz normalen heutigen Priester in seiner ›Muttergebundenheit‹ zu entlarven.
Überzeugend schildert er, wie der zölibatäre Dienst
für die Mutter Kirche einen Typ des jungen Mannes
anzieht, der schon in früher Kindheit die eigene Mutter besonders geliebt und verehrt hat. Mit Sigmund
Freud gesprochen ist es ein Junge, bei dem der früh-
männliche ›Retterkomplex‹ ausgeprägt ist: Vor dem
Vater, dem patriarchalischen Wüterich, will er die
Mutter retten. Nie wird aus ihm ein Matador und
Torero werden. Aus seiner Muttergebundenheit heraus entwickelt er lauter Fähigkeiten der Einfühlung
und des Verstehens, des Mitleidens und der Opfer-
bereitschaft. Und wie er die Mutter retten will, so
tut der muttergebundene Junge alles für seine Ge-
schwister. Nicht sich selbst zu verwirklichen, sondern anderen Menschen selbstlos zu dienen, das ist
von früher Kindheit auf der Lebensentwurf des jungen Mannes, den der Beruf des katholischen Priesters anzieht.

Nichts als Unreife erkennt Eugen Drewermann in diesem Typ des zölibatär vorgeprägten Mannes, nichts als Lebensuntüchtigkeit, Hemmung und psychische Fehlentwicklung. Gesunde Sexualität hätte er gern am Altar, Kerle, die vital genug wären, um Bäume auszureissen.

Mit Verlaub gesagt: Priester sind nicht dazu da, Bäume auszureissen. Trauernde trösten, Kinder segnen, Schwache beschützen, Einsame verstehen, Sterbende begleiten, das sind die zeitlosen Aufgaben jedweden Priestertums. Bäume ausreissen nicht. Im Gegenteil: Alle die Charakterzüge des muttergebundenen Mannes, die Eugen Drewermann als Zeichen der Unreife und der Unmännlichkeit deutet, besonders seine Einfühlsamkeit, seine Selbstlosigkeit, seine Dienstbereitschaft, sind ideale Voraussetzungen für den Beruf des Priesters. Heute, im Zeitalter der Göttlichen Mutter, sollten wir einen jungen Mann gar nicht mehr zur Priesterweihe zulassen, wenn er nicht eine solide Mutterbindung nachweisen kann.

Eine Ruine hat Eugen Drewermann als Titelbild für sein Buch über den Zölibat gewählt. Seither sind sechs Jahre vergangen, in denen es in der Welt viele neue Ruinen gegeben hat. Von Tschetschenien bis Bosnien nichts als Ruinen. Und wer ist es, der die Welt in Trümmer legt? Weiss Gott nicht der zölibatäre Priester, weiss Gott nicht der muttergebundene Mann in jener einfühlsamen Dienstbereitschaft, die Drewermann so lächerlich findet. Vitale Männlichkeit haben wir inzwischen, selbst in Rwanda und Burundi, mehr, als Frauen und Kindern lieb sein kann. Was der ganzen Welt dringend fehlt, sind ein-

fühlsame, verständnisvolle und dienstbereite Männer. Mehr muttergebundene, mehr zölibatäre Männer braucht die Welt. Die Frauen brauchen sie am
meisten.

Von Johannes Baptist Metz stammt das treffende
Wort vom katholischen Ordensmann als ›stuntman‹.
Es gilt für alle katholischen Priester. Weil in ihnen ein
vorpatriarchalisches, ein zutiefst matriarchalisch ge-
prägtes Modell der Männlichkeit weiterlebt, sind sie
ein ›cultural monument‹, wie es für die Gegenwart
anregender nicht sein könnte. Sie sind ein propheti-
sches Modell. Selbstloser Diener der Göttlichen Mutter und selbstloser Freund der emanzipierten Tochter
zugleich, so springt der zölibatäre Priester dem ganzen männlichen Geschlecht in die feministische Zu-
kunft voraus.

9. *Argument*
Zölibat macht männlich.

134 Vielleicht lag es daran, dass die Frauen fehlten. Jedenfalls wirkte der ›Männer-Kongress‹, mit dem die ›Evangelische Männerarbeit‹ 1996 in Frankfurt den Aufbruch in die ›Neue Männlichkeit‹ feiern wollte, von Anfang an trostlos.

Vielleicht lag es auch daran, dass die Männer selber fehlten. Trotz jahrelanger Werbung sind der Bewegung für neue protestantische Männlichkeit, dem ›Europäischen Forum christlicher Männer (ECFM)‹, von ein paar zwangsverpflichteten Verbänden abgesehen, noch nicht einmal fünfzig Männer persönlich beigetreten. So war auch zu dem Frankfurter Kongress über die ›Neue Männlichkeit‹ niemand erschienen ausser einem Häuflein protestantischer ›Männer-Betreuer‹, ›Männer-Therapeuten‹ und ›Männer-Begleiter‹. Von Gott und der Welt verlassen, gaben sich diese kirchlichen Vorarbeiter einer ›Neuen Männlichkeit‹ der allerältesten männlichen Beschäftigung hin. Sie klagten.

Über die ›religiöse Sprachlosigkeit des Mannes‹ klagten sie und über das ›männliche Leid‹ innerer Ohnmacht, Leere und Einsamkeit. Vor allem, klagten sie, gebe es überhaupt kein volkstümliches, den ganz normalen Mann begeisterndes Modell für den ›neuen christlichen Mann‹. Einer machte den Vorschlag, ausgehend von Richard Rohrs vieldiskutiertem ›wilden Mann‹, den ›neuen christlichen Mann‹ zu definieren als ›wild, frei und heilig‹. Doch vor der Aufgabe, diese Definition umzusetzen ins Leben des neuen christlichen Mannes, versank der Frankfurter ›Männer-Kongress‹ endgültig in ›männlichem Leid‹. Wie soll der ›neue christliche Mann‹ sich ›wild‹ fühlen, wenn er, in neuer christlicher Männlichkeit, dem lieben Töchterlein die Windeln wechselt? Wie soll er sich frei fühlen, wenn er, in neuer christlicher Partnerschaft, staubsaugt, abwäscht, bügelt? Wie soll er gar in der kirchlichen ›Männer-Selbsterfahrungsgruppe‹ heilig werden? Walter Hollstein, der Pontifex maximus neuer deutscher Männlichkeit: ›Wir kümmern uns um unsere eigene Seelenverfassung, massieren uns in Männergruppen gegenseitig, und das ist ja durchaus wichtig. Aber …‹

Aber werden wir dadurch ›wild, frei und heilig‹? Hartmut Meesmann blieb es überlassen, das Fazit aus dem Frankfurter ›Männer-Kongress‹ zu ziehen: Für die neue christliche Männlichkeit gebe es leider kein Modell, weil niemand ihn sich vorstellen könne, den ›wilden, freien und heiligen Mann‹.

Irrtum. Den knapp fünfzig Männern im ›Europäischen Forum christlicher Männer (ECFM)‹ mag es unendlich schwerfallen, sich den ›wilden, freien und heiligen Mann‹ vorzustellen. Aber Milliarden Männern fällt das ganz leicht. Längst gibt es ja das protestantische Modell des ›wilden, freien und heiligen Mannes‹. Ein urprotestantisches Modell sogar. Aus der Feder eines linksradikalen Protestanten, eines ›Dissenters‹, erscheint im Jahre 1719 in London das meistgelesene Männerbuch aller Zeiten: ›Robinson Crusoe‹ von Daniel Defoe.

Warum hat der protestantische ›Männer-Kongress‹ in Frankfurt, statt tagelang zu klagen über die Unmöglichkeit, sich den ›wilden, freien und heiligen Mann‹ vorzustellen, nicht einfach ›Robinson Crusoe‹ gelesen? Vermutlich war da eine ideologische Sperre.

›Robinson Crusoe‹, nächst der Bibel das meistgelesene Erziehungsbuch des protestantischen Kulturkreises, ist ein einziges Hohelied auf den Zölibat.

Durchstreifen wir wie jeder christliche Junge, sobald er lesen kann, Robinsons karibische Insel so wild, frei und heilig wie Robinson selbst. Gleich fällt uns das blühende Leben auf: Kokospalmen und Kakaobäume wiegen sich, Orangen- und Zitronenbäume blühen betörend, Schildkröten legen riesige Eier, ungeheure Vogelschwärme ziehen über die Insel, in den Wipfeln kreischen die Papageien. Sogar Pinguine räkeln sich am Strand.

Nur eines räkelt sich nicht in diesem Paradies protestantischer Männlichkeit. Auf Robinson Crusoes Abenteurerinsel gibt es nicht die Spur einer Frau.

Wer hat Daniel Defoe den genialen Plot mit dem Zölibat eingegeben? Gewiss nicht die Propaganda-Kongregation in Rom. Sein Roman wimmelt von antikatholischen Vorurteilen. ›Lieber‹, sagt Robinson wörtlich, ›möchte ich in die Hände der Wilden fallen und bei lebendigem Leib aufgefressen werden, als in die Hände katholischer Priester oder gar in die Gewalt der Inquisition.‹

Erst recht keine Rede von Zölibat in der Vorlage, nach der Daniel Defoe seinen Roman geschrieben hat. Das waren die Erzählungen des schottischen Seemanns Alexander Selkirk, der tatsächlich auf einer einsamen Insel gescheitert war, hauptsächlich aber seine Abenteuer mit zahllosen ›loving females‹ zum Besten gegeben hatte. Fünf Autoren hatten schon nacheinander, vor Defoe, aus diesen seemännischen Bekenntnissen Geld zu schlagen versucht.

Alle fünf waren jämmerlich gescheitert. Selkirks ma-
chistische Aufschneiderei war viel zu banal. Wer sie
liest, stirbt, heute wie damals, vor Langerweile.

Und jetzt der ganz grosse Scoop: Mit genialem Instinkt für das, was echte Männer im Innersten bewegt, fälscht Daniel Defoe den Alexander Selkirk,
diesen langweiligen Schürzenjäger, um in Robinson
Crusoe, den hinreissenden Helden des Zölibats. Und
es wird ein Publikumserfolg ›beyond counting‹. Die
Zahl der Männer, die dieses englische Hohelied auf
den Zölibat mit Begeisterung verschlungen haben,
geht inzwischen in die Milliarden. Zwei Jahrhunderte lang war dies das beliebteste Unterhaltungsbuch
für den christlichen Mann; heute noch ist es der prä-
gende Entwicklungsroman für den christlichen Knaben, der hier in heller Begeisterung zum ersten Mal
erfährt, was das ist, ein ›wilder, freier und heiliger
Mann‹.

Nur ein radikaler Protestant konnte ein solches
Buch schreiben. Als ›Dissenter‹ nämlich war Daniel
Defoe in London nicht nur von allen Beamtenstellen
ausgeschlossen, sondern auch vom offiziellen Litera-
turbetrieb. An jenes Bildungs-Publikum, bei dem
nichts anderes im Schwange war als Beziehungs-
Schnulzen, dachte Defoe überhaupt nicht. Gelesen
werden wollte er von dem Milieu protestantischer
Kaufleute und Handwerker, in dem er selber lebte.
Das waren keine Weiberfeinde. Diese protestan-
tischen Handwerker und Kaufleute liebten ihre
Frauen, ihre Töchter so, wie Daniel Defoe, allen Ver-
leumdungen zum Trotz, seine Frau und seine sechs
Töchter geliebt hat. Doch eines wussten sie, der Au-

tor und seine Leser, in ihrem englischen common sense: Eine Ekstase der Männlichkeit ist die Ehe nicht. Wer das grosse Abenteuer sucht, die wilde, freie und heilige Männlichkeit, der muss in den Zölibat. Wenn Robinson Crusoe, ganz zum Schluss, heiratet und drei Kinder kriegt, dann wussten diese Leser alle: Schade, jetzt ist das Abenteuer zu Ende.

In seinem common sense wusste dieses protestantische englische Milieu auch sehr genau, was das ist, ›Neue Männlichkeit‹. So etwas gibt es nämlich. Allerdings ist es etwas sehr Altes. Neue Männlichkeit entsteht jedesmal dann, wenn ein Mann sich zusammenreisst.

Zuerst geht es auf Robinsons Insel zu wie auf dem evangelischen ›Männer-Kongress‹ in Frankfurt: Als exemplarischer Versager, als elender Waschlappen ans Ufer gespült, weint der junge Robinson zum Gotterbarmen. Wochenlang jammert er über sein ›männliches Leid‹. Der Unterschied zum Frankfurter ›Männer-Kongress‹ ist nur, dass niemand ihm in seiner Jammerei Gesellschaft leistet. Kein ›Männer-Betreuer‹ tröstet ihn in der ›Männer-Selbsterfahrungsgruppe‹. Kein ›Männer-Begleiter‹ fährt ihm über die tränenüberströmte Männer-Wange. Kein ›Männer-Therapeut‹ massiert ihn hier und dort. Vor allen Dingen fehlt ihm in seinem ›männlichen Leid‹ jener tröstliche Busen, an dem kürzlich Hansjörg Vogel, der Bischof von Basel, in seinem männlichen Elend Halt gesucht hat: ›Seit meiner Wahl zum Bischof habe ich eine stärkere seelische Belastung erfahren. Ich suchte daher vermehrt Halt in der Beziehung zu einer Frau, die ich von früher kannte.‹ Anders als

der Bischof von Basel, die göttliche Vorsehung hat es
so gewollt, *muss* Robinson im Zölibat leben. Und da
es ein protestantischer Zölibat ist, ist es ein radikaler
Zölibat. Ganz allein ist Robinson auf seiner Insel.
Niemand jammert, niemand heult mit ihm ausser einem Papagei: ›Armer Robinson! Armer Robinson!‹

Gottes Vorsehung und Gottes Gnade: Alleingelas-
sen, merkt Robinson, dass Jammerei nichts nützt. Die
Initialzündung für ›neue Männlichkeit‹ kann statt-
finden: Robinson reisst sich zusammen.

Er tut etwas. Unglaublich, was Robinson alles tut.
Als Bäcker und als Bauer, als Jäger und als Sammler,
als Hausmann vor allem steht er, eben noch ein Versager und Jammerlappen, jetzt seinen zölibatären
Mann. Die Insel, die ihm zuerst als ein Ort trostloser
Verdammnis erschien, verwandelt sich in ein blühen-
des Empire. ›Das ganze Empire‹, pflegte meine englische Grossmutter zu sagen, ›ist von Männern ge-
schaffen worden, die nicht mit Frauen im Bett her-
umlagen, sondern etwas taten.‹

Und wie das eben so ist im Zölibat, bei all der rast-
losen Tätigkeit findet Robinson zum ersten Mal in
seinem Leben auch noch Zeit zum Beten. Er liest die
Bibel. Im Licht des Evangeliums denkt Robinson
nach über sein Leben. Er ringt sich durch zu der Erkenntnis, die keinem echten Mann erspart bleibt:
dass er im Leben alles falsch gemacht hat. Jene ›religiöse Sprachlosigkeit des Mannes‹, die auf dem
Frankfurter Männer-Kongress so hilflos beklagt wurde, Robinson überwindet sie ohne Männer-Kongress. Mitten in der Einsamkeit findet er den Ge-
sprächspartner, auf den es ankommt. Er findet die

verlorene religiöse Sprache wieder: ›Jesus, Thou Son of David, Thou exalted Prince and Saviour, give me repentance!‹

Der Zölibat als Ort protestantischer Erweckung. Wie archetypisch muss diese Lebensform in jeder christlichen Seele angelegt sein, dass Daniel Defoe, ein englischer Katholikenfresser, der ja auch von früher Kirchengeschichte nicht die geringste Kenntnis hatte, jetzt in der Gestalt seines Romanhelden Robinson die ganze Entstehungsgeschichte des Zölibats zum literarischen Paradigma verdichtet.

›O happy desert!‹ Als wäre er ein Wüstenvater, so preist Robinson seine Insel trotz ihrer tropischen Lebensfülle. Und wie einst der Wüstenvater Antonius in der Thebais, so erlebt Robinson zuerst die Urform des Zölibats, das ›Anachoretentum‹, das heisst die Bewährung in radikaler Einsamkeit. Doch dann schreitet er fort zur zweiten historischen Stufe des Zölibats. Aus einem heiligen Antonius entwickelt er sich zu einem heiligen Pachomius. Das ist der Gründer des gemeinschaftlich organisierten Zölibats, des Zönobitismus. Auf deutsch gesagt: Robinson bleibt nicht allein; die Insel-Einsiedelei entwickelt sich zum Insel-Kloster.

Freitag! Viel psychoanalytischer Unsinn ist über ihn geschrieben worden, den schönen jungen Indianer, der, nach 24 Jahren strengen Anachoretentums, Robinsons Füsse umschlingt. In seinem Essay ›Robinson Crusoe: The Man Alone‹ behauptet Harvey Swados, eine streitsüchtige Ehefrau und sechs noch streitsüchtigere Töchter hätten Daniel Defoe das Leben so zur Hölle gemacht, dass er mit 58, als er seinen

Robinson schrieb, nicht nur reif war für die Insel, sondern auch für jene Form der Sexualität, die ausser ihm auch Karl May auf die Indianer projiziert hat.

Das ist Sexismus! Mary Defoe war eine fabelhafte Frau! Eine wissenschaftlich saubere textkritische Analyse des Romans ergibt zweifelsfrei, dass Defoe den jungen Indianer nicht aus sexueller Not ins Geschehen einführt, sondern, ganz im Gegenteil, aus Gründen der religiösen Dynamik. Im Zölibat hat Robinson sich bekehrt zu Jesus. Er hat viel gebetet. Soweit das bei einem Protestanten überhaupt einen Sinn hat, ist er heilig geworden. Jedenfalls hat er die Bibel auswendig gelernt. Wie jeder erweckte Protestant will er jetzt natürlich andere erwecken, andere mit Bibelzitaten beglücken. Das kann er nicht, solange er auf seiner Insel allein ist. Deshalb nur führt Defoe in den Roman Freitag ein, für den wilden Missionar den bekehrbaren Wilden. Übrigens nicht ihn allein, sondern, gleich danach, auch Freitags Vater, bald auch einen spanischen Seemann.

Vom Anachoretentum zum Zönobitismus: Mitten in der Karibik entsteht, vor der Zeit, eine Art Taizé, ein ökumenisches Kloster. Robinson ist der Abt. Er selber und Freitag sind, ihre Gespräche über den Teufel beweisen es, protestantische Fundamentalisten, Freitags Vater ist ein toleranter Heide, der Spanier bleibt ein verstockter Katholik. Eine Frau allerdings will kein noch so stürmischer Orkan auf diese Insel verschlagen. Wie Robinson vorher allein, so leben jetzt alle zusammen, ›wild, frei und heilig‹, im Zölibat.

Um seinen Scoop besser zu verkaufen, hat Daniel Defoe zeitlebens hartnäckig behauptet, dies alles sei

142 kein Roman, sondern ein Tatsachenbericht, in allen Einzelheiten wahr. Dass das ein Schwindel ist, haben schon die Zeitgenossen durchschaut. Viele haben gewusst, dass der wahre Robinson kein Held des Zölibats war, sondern ein erbärmlicher Schürzenjäger. Übelgenommen haben sie es Defoe nicht. Im Gegenteil. So archetypisch hat der englische Protestant den schönsten Männertraum geträumt, dass Milliarden Männer ihn unbedingt mitträumen wollten. Den Traum vom grossen Abenteuer. Den Traum vom Zölibat.

Jetzt, im 20. Jahrhundert, ist der Roman zum Kinderbuch geworden. Sein Einfluss ist um so globaler. Kaum haben sie lesen gelernt, so lernen, im ganzen world village, die kleinen Jungen alle aus Defoes Roman, was das ist, die Männlichkeit: Ach, könnte ich doch dieses Abenteuer auch erleben, könnte ich doch leben wie Robinson Crusoe, wild, frei und heilig im Zölibat!

Nur bei uns, in Ländern deutscher Sprache, hat Robinson Crusoe ernsthafte protestantische Konkurrenz. Manche progressive christliche Mutter zögert nicht, ihrem Sohn statt Defoes ›Robinson Crusoe‹ Johanna Spyris ›Heidi‹ aufs Nachttischlein zu legen. Der Geissenpeter in seinem beispielhaft geschwisterlichen Umgang mit Heidi, ist nicht der Geissenpeter das bessere pädagogische Modell für den ›neuen christlichen Mann‹? Vor allen Dingen: Ist nicht der Geissenpeter politisch korrekter als Robinson Crusoe?

Alle Achtung vor dem Geissenpeter. Aber der moderne deutsche Junge hat nun mal einen globalen

Horizont: ›Deutsch gut‹, ›Internet sehr gut‹, ›Eng-
lisch ausgezeichnet‹. So wie er als ›Computermönch‹
absurft in den Zölibat, so ist der moderne deutsche
Junge, selbstverständlich, für die englische Männlichkeit.

Nie im Leben wird er mitjammern auf einem
›Männer-Kongress‹ der Evangelischen Kirche. Dass
es ein ›Europäisches Forum christlicher Männer
(ECFM)‹ gibt, welches über das ›männliche Leid‹ seiner knapp fünfzig Mitglieder Trauerarbeit leistet,
will ein gesunder Junge gar nicht wissen. Dass Männer sich in kirchlichen ›Männer-Selbsterfahrungs-
gruppen‹ gegenseitig massieren, ist etwas, wovor
ihm, wenn er es wüsste, grausen würde. Dass der
Busen einer Frau nicht dazu da ist, damit der Bischof
von Basel daran ›Halt sucht‹, hat ihm seine protestantische Mutter bereits deutlich gesagt.

Und wenn ihn seine Mutter vor die entscheidende
Wahl stellt, entweder so zu werden wie der Geissenpeter oder so wie Robinson, wird der moderne deutsche Junge sich ohne Umschweife für Robinson entscheiden, für das grosse Abenteuer und – ›wild, frei
und heilig‹ – für den Zölibat.

10. *Argument*
Zölibat ist lustig.

Manchmal werde ich gefragt, warum ich als junger Mann Mönch geworden sei. Die Antwort fällt mir leicht. Ich bin ins Kloster gegangen, so wie Franziska van Almsick ins Schwimmbad geht. Schwimmen ist die Leidenschaft ihrer Jugend. Gott war die Leidenschaft meiner Jugend.

Doch dann die zweite Frage. Sie liegt auf der Hand. Und doch macht sie mich hilflos verlegen: ›Wenn Sie aus Leidenschaft Mönch geworden sind, warum sind Sie dann so schnell wieder davongelaufen?‹ Jahrzehnte habe ich gebraucht, bis ich imstande war, auf diese ganz einfache Frage zu antworten mit der ganz einfachen Wahrheit: ›Ich kam mir da zu komisch vor.‹

Das Erlebnis war unerträglich gewesen: In unseren altehrwürdigen weissen Kutten, so kamen wir, vier junge Dominikaner, in der belgischen Stadt Lüttich eine enge Gasse hinab. Im selben Augenblick kamen uns, unerwartet, unausweichlich, vier junge Mädchen die Gasse hinauf entgegen. Eine lustiger, eine schöner als die andere. Die jüngste schürzte den Mund: ›Bonjour, mes frères!‹ Und alle vier lachten uns aus. Ich hätte sterben können vor Scham. Nichts wie raus aus dem Zölibat!

Mit Erzählungen aus dem eigenen Leben mache man sich leicht lächerlich, hat Paul Claudel gesagt. In diesem Fall tue ich das bewusst. Ich vermute nämlich allen Ernstes, dass dieses scheinbar nur individuelle Erlebnis unerträglicher Komik in Wirklichkeit symptomatisch ist für das Lebensgefühl einer ganzen katholischen Generation.

Von dem amerikanischen Religionssoziologen Pe-

ter L. Berger stammt die These, dass das Lebensgefühl einer Glaubensgemeinschaft bis ins Innerste dadurch geprägt wird, ob sie ›cognitive majority‹ oder
›cognitive minority‹ ist, ›weltanschauliche Mehrheit‹
oder ›weltanschauliche Minderheit‹. Damit ist nicht
das gemeint, was der Vatikan meint, wenn er in seinem Statistischen Jahrbuch regelmässig die stau-
nenswerte Katholikenvermehrung in aller Welt fei-
ert, vor allem in Brasilien und auf den Philippinen.
Eine überwältigende numerische Mehrheit kann zu
gleicher Zeit eine ganz geringe ›kognitive Minderheit‹ sein, wenn sie nämlich in der Hackordnung der
Weltanschauungen unten steht. Zum Beispiel gibt es
in Deutschland 28 Millionen Katholiken. Numerisch
ist das die grösste religiöse Gemeinschaft. Trotzdem
sind wir eine geringe kognitive Minderheit. In der
Hackordnung der öffentlichen Wertschätzung stehen wir inzwischen, in den Medien täglich erfahrbar,
so tief, dass unter uns niemand mehr kommt ausser
Hare Krishna und Scientology.

Zu den Selbstbestätigungs-Riten der deutschen
cognitive majority gehört es, alle nur erforschbaren
Judenpogrome der Vergangenheit sorgfältig auszu-
leuchten und tief zu beklagen. Dabei waren die Zeiten, in denen wir die Juden totgeschlagen haben,
verhältnismässig selten und kurz. Endlos lang aber
waren die Zeiten, in denen wir die Juden komisch
fanden. Mit ihrem komischen Tonfall, mit ihren komischen Lebens- und Essgewohnheiten, mit ihren
komischen Gesten und ihrem komischen Gewat-
schel waren sie so komisch, wie kognitive Minoritäten eben sind. Jetzt sind wir die kognitive Minorität.

148   Wenn irgendein blödsinniger neudeutscher Jüngling in irgendeiner blödsinnigen Talkshow blödsinnige Witze reisst über den katholischen Priester, dann hat er keine Ahnung, dass sein Grossvater einst am bayrischen Stammtisch genauso blödsinnige Witze über die Juden riss.

Der Sturz ist tief, doch er kam nicht unerwartet. Vermutlich schon seit der Reformation, auf jeden Fall seit der Aufklärung ging es mit uns abwärts in die ›kognitive Minorität‹. Wie immer Kardinal Ratzinger die moderne Welt schilt, als ›hedonistisch‹, ›säkularisiert‹ oder ›ryationalistisch‹, wie immer sie sich selber definiert, als ›liberal‹ oder als ›multikulturell‹ oder als ›politisch korrekt‹, eins ist sie unübersehbar nicht: Die moderne Welt ist nicht katholisch. Ob es uns passt oder nicht, wir sind ›kognitiv minoritär‹ geworden. So komisch sind wir wie zuvor die Juden.

Mehrheiten sind nämlich dumm. Die neue kognitive Majorität ist genauso dumm, wie wir es waren, als wir, damals im Mittelalter, die kognitive Majorität waren. Aber sie merkt das nicht. Wir haben das damals auch nicht gemerkt. Es kennzeichnet ja die Majorität – und es macht sie dumm –, dass sie sich selber nicht in Frage stellt. Weil sie die kognitive Macht hat, ist sie zugleich dumm und selbstbewusst. An ihren eigenen Begriffen misst sie, souverän und selbstverständlich, die kognitiven Minoritäten, zum Beispiel heute die Katholische Kirche. Ja die kognitive Minderheit selber misst sich, wie eine sprachliche oder eine sexuelle Minderheit, angstvoll und verkrampft, nicht an den eigenen Massstäben, sondern an den Massstäben der Majorität. So unterliegt sie, fremdbetrachtet, fremdbewertet, den Gesetzen des Zerrspiegels und wirkt, auch auf sich selber, notwendig komisch.

In der religionssoziologischen Analyse liest sich dergleichen leicht. Aber da drin stecken, selber kognitive Minorität sein, ist schwer erträglich. Ob an den Ufern von Babylon, ob an den Fleischtöpfen des wilhelminischen Deutschland, stets waren die Juden unglücklich hin und hergerissen zwischen den beiden Versuchungen, sich entweder einzuschliessen im Ghetto und so ihre Identität zu wahren, oder sich zu assimilieren, also glücklich aufzugehen in der majoritären Normalität, dabei aber ihren eigenen Charakter zu verlieren. In der gleichen Lage sind jetzt wir.

Je tiefer wir absinken in die kognitive Minorität, desto mehr gerät unsere Kirche in eine spastische Bewegung. Angstvoll starrend auf das, was die Welt, was die kognitive Mehrheit von ihr hält, versucht sie abwechselnd, sich in ihre abseitig und komisch gewordene Identität trotzig einzubunkern, dann wieder versucht sie, ihrer Komik zu entfliehen, indem sie sich, mit enormem theologischem Wortgeklingel, ›liberalisiert‹.

Das Musterbeispiel für die erste spastische Bewegung ist das Erste Vatikanische Konzil. Just zu der Zeit, in der Wilhelm Busch mit seinen Comics über den heiligen Antonius und über die fromme Helene unsterblich zu Papier brachte, wie komisch uns die kognitive Mehrheit bereits fand, entschlossen wir uns trotzig, eben diesen ganzen komisch gewordenen katholischen Hokuspokus im kulturellen Ghetto integral zu restaurieren. Bis wir es dann in unserer katholischen Komik einfach nicht mehr ausgehalten haben. Bis selbst Hans Urs von Balthasar die ›Schleifung der Bastionen‹ forderte. Das war dann die zweite der beiden spastischen Bewegungen, das Zweite Vatikanische Konzil.

Wir nannten es ›aggiornamento‹. Wir sprachen stolz vom ›Geist des Zweiten Vatikanischen Konzils‹. In der Erfindung grossartiger Begriffe für das, was wir tun, sind wir noch immer Weltmeister. Aber war denn, was wir taten, so grossartig? Wie eine Eidechse auf der Flucht vor einem Mächtigeren plötzlich ihren Schwanz fallen lässt, so liessen wir jetzt alle jene Teile unseres komisch gewordenen Erscheinungsbildes, die uns zuvor unentbehrlich schienen, plötzlich fallen. Latein? Komisch, weg damit. Der Teufel? Komisch, weg damit. Weihrauch? Komisch, weg damit. Beichtstuhl? Komisch, weg damit. Rosenkranz? Komisch, weg damit. Kreuzweg? Komisch, weg damit. Thomas von Aquin? Komisch, weg damit. Kutten und Soutanen? Alles komisch, weg damit. Die Gregorianik? Ganzganz komisch, sofort weg damit.

Und nachdem wir so viel Komik so übereilig abgeschafft haben, wundern wir uns masslos darüber, dass die Welt uns nicht nur unverändert komisch findet, sondern sogar, eindeutig, noch komischer als zuvor. Woran könnte das liegen? Nur an einem: Noch haben wir das Allerkomischste nicht abgeschafft. Noch haben wir den Zölibat. Den müssen wir abschaffen. Ganzganz schnell. Dann, ja dann, sind wir endgültig raus aus unserer unerträglichen Komik.

Vielleicht bin ich der einzige, der sich in Drewermanns dickem Zölibats-Buch durchgelesen hat bis auf Seite 710. Mit einem Mal, höchst verblüffend, verzichtet Drewermann hier auf seinen grössenwahnsinnigen psychoanalytischen Überbau und bekennt schlicht, woran er leidet: dass der Zölibat nichts anderes mehr sei als ›ein bemitleidenswertes Unikum‹, dass ›kein Mensch, der einigermassen normal (gemessen am Querschnitt der Bevölkerung) heranwächst‹, den Zölibat mehr ernst nimmt, ja dass der Zölibat ›in der Teenager-Sprache, auf die es hier ankommt‹, ›total beknackt‹ sei.

Natürlich kommt es nicht auf die Teenager-Sprache an (in der schon immer alles ›beknackt‹ war), auch nicht auf den Durchschnitt als Norm (wovor uns Gott bewahre), sondern auf Drewermann selbst. Offenkundig ist mit Eugen Drewermann genau das gleiche los wie mit mir. Auch er ist einer, der die Komik des Zölibats nicht auszuhalten wusste.

Und was das Schönste ist: Wir sind beide, Eugen und ich, wenn nicht in guter, so doch in sehr grosser Gesellschaft. Zu dieser Erkenntnis kommt Michael N. Ebertz, Soziologie-Professor an der Fachhochschule der Deutschen Caritas in Freiburg, in einer Analyse über die Motive der 1,8 Millionen Katholiken, die mit ihrer Unterschrift unter das KirchenVolksBegehren die Abschaffung des Zölibats begehrten. Katholisch, meint der Caritas-Soziologe, möchten die wohl alle bleiben. ›Sie können dies aber höchstens halben Herzens und häufig mit Scham, weil vieles, was kirchenoffiziell gefordert und praktiziert wird, weit hinter dem zurückbleibt, was man sowohl gesellschaftlich und kulturell als auch für sich persönlich schon längst als richtig erkannt hat und lebt.‹ Was ist es denn, was ›man‹ ›sowohl gesellschaftlich und kulturell als auch für sich persönlich‹ – das heisst nach den Normen der cognitive majority – nur noch als beschämend erlebt? Nicht zufällig, fährt Ebertz fort, seien Zölibat und Sexualmoral zum zentralen Punkt des KirchenVolksBegehrens geworden: ›Es ist das Dissensthema, bei dem die Scham, Mitglied dieser Kirche zu sein, bei vielen Menschen am grössten ist.‹ Mit seiner Forderung nach Abschaffung des Zölibats sei somit das KirchenVolksBegehren, schliesst Professor Ebertz, ›öffentlicher Ausdruck des Versuchs, diese Scham zu überwinden‹.

Sind es nur die 1,8 Millionen Kirchenvolksbegehrer, die gerne diese schreckliche Scham überwinden möchten? 84 Prozent der deutschen Katholiken möchten, nach einer repräsentativen Erhebung des Forsa-Instituts, den Zölibat loswerden. Damit sind wir schon bei 23 Millionen. Aber sind es wirklich nur 23 Millionen? Mal ganz vertraulich unter uns 28 Millionen Katholiken gesagt: Abgesehen von ein paar wenigen besonders unsensiblen Personen, sagen wir mal, abgesehen von Pater Streithofen, von Kardinal Meisner und von Erzbischof Dyba, dürften sämtliche Katholiken in diesem Lande, was den Zölibat betrifft, in der gleichen peinlichen Gemütslage sein wie Eugen und ich.

Wie aber überwindet ›man‹ ›sowohl gesellschaftlich und kulturell als auch für sich persönlich‹ (Michael N. Ebertz) eine derart unerträgliche Scham? In Deutschlands psychotherapeutischen Praxen werden zur Zeit über fünfhundert verschiedene psychotherapeutische Behandlungsmethoden angeboten.

Das ist aber, in unserem Falle, nicht so verwirrend,
wie es auf den ersten Blick scheint. In einem wenigstens stimmen alle fünfhundert Methoden überein:
Die Heilung eines Patienten beginnt nicht damit,
dass er, eins übers andere, alles abschafft, was ihm
ein so peinliches Gefühl bereitet, zum Schluss sogar
sich selbst. Im Gegenteil: Die Heilung beginnt genau
an dem Punkt, an dem der Patient lernt, ein scheinbar unerträgliches Gefühl bewusst auszuhalten.

Bald ist unser Jahrhundert zu Ende, und bald wird
niemand die Namen derer mehr kennen, die sich
heute so verbissen über den Zölibat streiten. Aber
alle, die dann wohl nicht einmal mehr das Wort ›katholisch‹ kennen, werden noch in die Museen laufen,
um die fabelhaften Bilder zu bestaunen, in denen
Georges Rouault, der tief fromme französische Katholik, auszudrücken wusste, was uns in unserer Zeit
im Innersten bewegt hat: Die Welt als Zirkus und
Christus als Clown.

Der Clown ist komisch. Aber er erleidet seine Komik nicht hilflos. Schon gar nicht versucht er, seine
Komik loszuwerden, indem er sein Kostüm abschafft
oder ›liberalisiert‹. Bewusst trägt er sein uraltes Nar-
renkleid. Statt aus der Rolle, die ihm zugefallen ist,
verängstigt zu fliehen, statt sie depressiv zu erleiden,
macht er aus ihr eine souveräne Kunst.

Nicht dass sich der Narr die geringste Chance aus-
malt, die grinsende Majorität, vor der er einsam steht,
jemals zur Minorität zu machen. Das Machterlebnis,
überlegene Mehrheit zu sein, lässt er dem Zirkuspu-
blikum. So wie ja auch der mittelalterliche Hofnarr
das Machtbewusstsein des Königs nie in Frage ge-

stellt hat. Die Kunst des Narren ist es, den König zu unterhalten und ihm dabei auf unterhaltsame Weise klarzumachen, dass Macht nicht Wahrheit ist.

Ob wir fähig sind, es auszuhalten oder nicht: Im ›kognitiven‹ Zirkus unserer Tage fällt uns die Narrenrolle zu. Gott und die Keuschheit und der Himmel und der ganze katholische Hokuspokus: Das ist alles, für die ›cognitive majority‹, nur noch komisch. Der zölibatäre Priester repräsentiert diese katholische Komik leibhaftig. Erweist er sich selbst, erweist er seinem spottlustigen Publikum einen Gefallen, wenn er, Hals über Kopf, in die postkonziliare Garderobe flieht, um sein uraltes Narren-Kostüm übereilig loszuwerden? Das Publikum will ihn doch sehen. In seinem Kostüm. Das Publikum verlangt nach dem Clown. Es braucht ihn dringend.

›Cognitive majority‹ ist Macht. Aber sie ist nicht Wahrheit. Fast alles, woran die ›cognitive majority‹ zur Zeit glaubt, ist Lüge. Dass nur die Erde wirklich sei, der Himmel nicht, ist Lüge. Dass die Selbstverwirklichung der Zweck des Lebens sei, ist Lüge. Dass das Individuum autonom sei, ist Lüge. Das ›sogenannte Berufsleben‹ (Ivan Illich) ist Lüge. Das ganze Credo der ›political correctness‹ in seiner ganzen Liberalität besteht aus nichts als Lügen. Dass Sexualität erlöse, ist die billigste aller Lügen.

Das ist es, woran der König derzeit glaubt. Der Bote, der dem König die Wahrheit sagen will, trage die Narrenkappe des Zölibats.

So endet die Geschichte des katholischen Zölibats, wie sie begonnen hat. In den frühesten Maximen der Wüstenväter schon, in den ›Apophtegmata Patrum‹, wird das Lebensideal dieser Männer, denen unsere Kirche den Zölibat verdankt, so umschrieben: ›Entweder fliehe radikal die Menschen oder verspotte die Welt und die Menschen, indem du dich selber, so viel als möglich (εἰς τὰ πολλά), zum Narren machst.‹

Der Wüstenvater, der diese Maxime in Person verkörpert, ist Symeon von Emesa. In den orthodoxen Kirchen wird er als ›Symeon der Narr‹ hoch verehrt. Noch aus den erstarrten Zügen der Ikonen lacht uns sein göttlicher Witz entgegen.

29 Jahre lang hatte Symeon, die Menschen radikal fliehend, in der Wüste am Toten Meer gelebt. Dann aber beschloss er, sich ebenso radikal vor der Welt zum Narren zu machen. Zu diesem Zwecke verliess er die Wüste und begab sich in die syrische Stadt Emesa. Da er bereits im Ruch der Heiligkeit stand, wollten ihm die Stadtväter von Emesa einen feierlichen Empfang bereiten. Zu ihrem Entsetzen liess sich der grosse Asket auf so etwas nicht ein, sondern eilte stracks, vor aller Augen, in das berüchtigtste Freudenhaus von Emesa. Im Zimmer einer Prostituierten setzte er sich in der Ecke auf den Boden und begann, nach seiner Gewohnheit, den Psalter zu beten.

So sass der heilige Symeon den ganzen Tag da, unentwegt betend, während die Prostituierte, ebenso unentwegt, ihren Geschäften nachging. Als der Abend hereinbrach, konnte sie eine Frage nicht länger zurückhalten. Ob er sich wirklich am richtigen Ort fühle, fragte die Prostituierte den Zölibatär. ›Ich war in der Wüste am richtigen Ort‹, antwortete der heilige Symeon, ›ich bin im Bordell am richtigen Ort, denn Gott ist in einem Bordell genauso gegenwärtig wie in der Wüste. Und was du hier tust‹, fügte der heilige Symeon hinzu, ›das finde ich zwar ein bisschen merkwürdig – aber beim Beten stört es mich nicht.‹

›Schaut hin‹, schreibt Erasmus von Rotterdam im ›Lob der Torheit‹, ›kein Narr gebärdet sich verrückter als ein Mensch, den die Inbrunst der Liebe Christi gepackt hat. Hab und Gut schenkt er weg, keine Kränkung ficht ihn an, er lässt sich ruhig betrügen, unterscheidet nicht zwischen Freund und Feind, verabscheut die Freuden der Welt und lebt von Fasten, Wachen, Weinen, von Verfolgung, Hohn und Spott. Das Leben ist ihm ein Greuel, der Tod sein höchster Wunsch. Mit einem Wort, für alles, was dem gewöhnlichen Menschenverstand einleuchtet, scheint er blind zu sein, als ob sein Geist sonst irgendwo lebte – nur nicht im Leib. Heisst das aber nicht verrückt sein?‹

Selbstironische Katholizität: Was Symeon der Narr uns beispielhaft vorgelebt hat, das hat uns Erasmus von Rotterdam beispielhaft vorgedacht. Zweierlei gehört zu dieser religiösen Selbstironie: das Wissen, minoritär zu sein, und, untrennbar damit verbunden, die Bereitschaft, es gelassen hinzunehmen, dass die eigene Sache vielleicht verloren ist. Jedes Argument in diesem Buch habe ich so formuliert, dass sich dem Leser auf der Stelle das Gegenargument aufdrängt. Das war töricht von mir. Doch die Torheit war Absicht. Es ist ja nicht wahrscheinlich, dass ich Recht behalten werde. Es ist sogar möglich, dass ich gar nicht Recht habe. Rechthaben ist keine religiöse Kategorie.

Der katholische Zölibat war einmal, zur Zeit von Paula und Hieronymus, eine junge Institution. Nur in einer unerhört jungen, kraftvollen Kirche war so etwas Schöpferisches möglich: die Verbindung des römischen Amtes mit der ägyptischen Askese. Jetzt aber ist der Zölibat eine alte Institution. So alt und so zerbrechlich ist er wie kostbares Porzellan. Kostbare alte Dinge kaputtzumachen ist Barbarei. Manchmal aber lässt Gott die Barbaren gewähren. Vielleicht lässt er jene siegen, die nach so vielem anderem katholischen Porzellan auch dieses noch zerschlagen wollen. Hat nicht auch Blaise Pascal, der grosse Vorläufer einer nonkonformistischen Katholizität, hilflos zuschauen müssen, wie im Streit um die Sexualmoral des 17. Jahrhunderts die ›cognitive majority‹ jener Zeit, das heisst: der seichte, verlogene Konformismus der Jesuiten, triumphierte?

Wie also, wenn die gleiche Sorte Leute jetzt wieder siegt? Gerade dann ist es unbedingt nötig, dass der Drewermannsche Leidensdruck aus der Zölibatsdebatte schwindet. Wie alle katholischen Dinge ist der Zölibat keine menschliche Tragödie, sondern eine Göttliche Komödie. Im todbringenden Vitriolglas der Psychoanalyse darf er nicht enden. Katholisch ist er entstanden, mit Farbe, Komik, Poesie. Endet er, so möge er katholisch enden: mit Farbe, Komik, Poesie.

Wann hatten wir eigentlich den letzten Maskenball im Vatikan? Ich glaube, das war 1541 unter Papst Paul III.

Der Silvesterabend des Jahres 1999 rückt heran. Soll der Zölibat untergehen, warum dann nicht in der letzten Nacht unseres Jahrtausends mit einem Maskenball im Vatikan?

Vorneweg, hoch auf ihrem Kamel, noch einmal Paula, die grosse Römerin aus dem Geschlecht der Scipionen, wie sie in der Wüste Ägyptens Ausschau hält nach einem Mann, der fähig ist zum Zölibat. Dahinter, etwas wehleidig, der heilige Hieronymus, wie er den beiden Töchtern der heiligen Paula, Blaesilla und Eustochium, die Keuschheit erklärt. Die heilige Cäcilie auch, auf den Lippen jenes gregorianische Lied vom Zölibat, das sie ihrem darbenden Bräutigam Valerian vorsang: ›Est secretum, Valeriane …‹ Franz von Assisi dann und, ihm zur Rechten, die keusche Clara, die ihm so treu war, und, zur Linken, Schwester Jakobine von Settesoli, die, nicht ganz so treu, ihm die süssen Honigwaffeln buk. Laurentius von Schnüffis mit seiner österreichischen Hirtenflöte: ›Wunderschön Prächtige …‹ Der heilige Alois rein wie Elfenbein am Arm seiner betenden Mutter. Abälard und Heloise, in zölibatärer Liebesglut vereint zur Hölle fahrend. Petrarca dann mit seiner göttlichen Leier, von Ferne nur einen schmachtenden Blick werfend auf Madonna Laura. Luise Rinser und Karl Rahner auf ihrem blauen Sofa, daneben der riesengrosse Postsack mit seinen noch immer nicht veröffentlichten Liebesbriefen. Eugen Drewermann, tieftraurig, wachsbleich, ganz allein, jedoch herrlich geschmückt mit der dreifachen Himmelskrone unius confessoris, virginis et martyris. Meister Eckhardt mit seinem ekstatischen Schwarm von rheinischen Nonnen. Und dann, schlag Mitternacht, der grösste Poet des untergehenden Jahrtausends, der unvergleichliche Sänger des Zölibats: Dante, an Beatrices Hand, den seligen Chor ins Paradies entführend.

Während zur selben Stunde die grauenhaften Horden der sexuell selbstverwirklichten Pastoralpsychologen, mit lärmendem Triumphgeschrei, den leeren Vatikan erobern, nicht ahnend, dass, zusammen mit der keuschen Liebe, die Gottheit selber aus dem Allerheiligsten entschwand.

Hans Conrad Zander

...der »davongelaufene Mönch, der so gute Reportagen schreibt« Henri Nannen

Wie der Erzbischof von Köln heiraten mußte
Das Beste aus Zanders
Universaler Kirchengeschichte
176 Seiten. Gebunden
ISBN 3-491-72324-8

Im Anfang war das Krokodil
Fünfzehn Reportagen mit Sinn
180 Seiten. Gebunden
ISBN 3-491-72350-7

Der Gregorianische Choral
Zwischen Kirche und Disco
2 CDs mit 56 Seiten Booklet.
Spieldauer ca. 120 Min.
ISBN 3-491-91001-3

Kleine Frühstücksweisheiten
144 Seiten mit Bildern von
Edda Skibbe. Gebunden mit
Schutzumschlag
ISBN 3-491-72357-4

König David im Café
Höchst sonntägliche Weisheiten
Buchausgabe: 200 S. Gebunden
ISBN 3-491-72314-0
Audiocassette:
60'5 Min. Spieldauer
ISBN 3-491-91000-5

 **PATMOS**